아이가 주인공인 책

아이는 스스로 생각하고 성장합니다.
아이를 존중하고 가능성을 믿을 때
새로운 문제들을 스스로 해결해 나갈 수 있습니다.

길벗스쿨의 학습서는 아이가 주인공인 책입니다.
탄탄한 실력을 만드는 체계적인 학습법으로
아이의 공부 자신감을 높여줍니다.

가능성과 꿈을 응원해 주세요.
아이가 주인공인 분위기를 만들어 주고,
작은 노력과 땀방울에 큰 박수를 보내 주세요.
길벗스쿨이 자녀 교육에 힘이 되겠습니다.

📢 30만 독자가 선택한 <기적의 영어문장 만들기>
이 책을 공부한 '기적의 학습단' 생생 후기

아이와 역할을 나눠 만화 속 대화를 읽으면서 문법 개념을 먼저 익혔어요. 영어 문장을 직접 쓰는 연습을 반복하다 보니 문장 구조를 자연스럽게 이해할 수 있어요. 문장 만들기에 자신 없던 아이가 문장을 쓰면서 문장의 구조, 어순, 문법을 익히고 작문에도 관심을 보였어요. 자신 있게 영어 문장을 만들 수 있기를 기대합니다.

– 5학년 학부모 혜린맘 님

블록을 연결하듯이 단어를 늘려가며 문장을 만들어서 아이가 재미있고 쉽게 느껴요. 문법을 공부하지 않는데 문장을 쓰면서 구문을 저절로 익히고 문법 공부도 자연스럽게 되어 정말 좋아요. 집에서도 이 책의 학습 단계를 따라 하기만 하면 기본 문법과 작문이 가능하구나 싶어요. 아이가 문장 쓰기에 자신감이 생겼답니다.

– 6학년 학부모 꿈꾸는일상 님

아이와 본격적으로 영문법을 공부하기 전에 함께 공부할 교재로 선택했어요. 짧고 간단한 기본 문형으로 문장의 구조를 익히니까 쉽게 시작할 수 있어요. 이제는 아이가 어순에 맞춰 문장을 써서 혼자 쓰더라도 실수가 적어요. 문장 해석도 자연스러워졌어요. 정말 기특하네요.

– 5학년 학부모 쿤쿠니 님

혼자서 공부하기에 너무 좋은 책이에요. 이 책은 정말 아이가 자기주도로 공부한 교재예요. 단어가 문장 성분마다 다른 색의 블록으로 제시되어 있어서 단어가 문장에서 어떤 역할을 하는지 직관적으로 알 수 있어요. 또 아이가 블록의 순서대로 단어를 조합하면 문장이 완성되어서 쉽게 문장을 만들 수 있었어요.

– 5학년 학부모 프로메테우스노력 님

영어에는 명사를 꾸며주는 말을 쓸 때 순서가 있잖아요. 엄마인 제가 영어를 배울 때는 앞 글자만 따서 'a-형-명'처럼 외웠는데 이 책에서는 블록을 색깔에 맞춰 순서대로 이으면서 영작을 훈련할 수 있더라고요. 긴 문장도 어렵지 않게 쓰고, 문장 쓰기가 그대로 말하기로 이어져서 아이 스스로도 뿌듯해했어요.

– 3학년 학부모 커피사랑집밥 님

아이들 맞춤 라이팅 교재예요! 재미있는 만화로 무엇을 배우는지 개념을 설명하고, 알록달록 색깔 블록으로 주어, 동사, 목적어, 꾸미는 말을 구분하여 어순을 알려줍니다. 개념을 이해하고 바로 이어서 문장을 직접 써보는 연습으로 머릿속에 저~쟁 기본 동사로 영어 문장을 쉽게 썼어요. 영어 문장 쓰기가 어렵고 부담될 수 있으나, 이 책은 접근하기 쉽고 어렵지 않은 구성이라 아이가 부담 없이 공부한 것 같아요. 옆에서 흐뭇하고 지켜보면서 좋은 교재의 영향력을 실감했습니다.

– 4학년 학부모 **미미짱** 님

이 책을 완북하면서 아이가 더 이상 문장 쓰기를 어렵지 않게 생각하고 자신감을 함께 얻었어요. 재료 준비 〈 뼈대 만들기 〈 살 붙이기 단계대로 차근차근 단어를 순서에 맞춰 배열하면 슈퍼 문장과 응용 문장도 쉽게 완성할 수 있었어요. 만화로 재미있게 개념을 익힐 수 있는 점도 좋았어요. 또래 아이들이 흔히 할 수 있는 문법 실수를 보면서 자연스럽게 배울 수 있었어요. 이 교재로 기초를 튼튼하게 다지기 해서 뿌듯하고 기쁩니다.

– 4학년 학부모 **메이브리** 님

초등 고학년이 되니 단어나 문법도 중요하지만, 짧은 문장이라도 쓸 수 있어야 할 것 같아서 이 책을 시작했어요. 영어를 여러 해 동안 공부했지만 아직 영어 문장 쓰기는 어려움이 많은데 이 교재로 1형식 만들기부터 연습하고 있어요. 문장을 만드는 방법을 알고 나서는 그동안 배웠던 단어와 문법을 활용해서 문장으로 만들어요.

– 5학년 학부모 **초1초5중1쏭** 님

리딩, 리스닝, 스피킹, 라이팅 네 가지 영역을 다 잘하기는 힘들지만 그래도 다른 영역들은 어느 정도 실력이 느는 게 보이는데 쓰기는 어렵더라고요. 아이의 문장에는 문법 오류도 많은데 엄마인 저도 첨삭이 어려운지라 이 책으로 학습해 보기로 했어요. 뼈대 문장에서 살을 붙이는 방식이 정말 너무 쉬워서 좋네요. 단어만 나열하면 문장이 되니 우리 아이에게 너무 딱이에요. 꾸준히 공부하면서 아이의 쓰기 실력이 늘어나는 것이 제 눈에도 보여요.

– 5학년 학부모 **러브리맘** 님

아이가 문법을 여전히 어려워하고 특히 의문문을 쓸 때에는 동사 위치와 형태를 헷갈려했어요. 이 책으로 공부하면서 영어 문장을 쓸 때 공식처럼 순서가 있다는 것을 알게 되었어요. 이제는 쓰고 싶은 단어를 문장의 어느 위치에, 어떤 형태로 넣을지를 알고 문장을 만들어요.

– 6학년 학부모 **신생아엄마** 님

기적의 영어문장 만들기 5

길벗스쿨

저자 주선이

영어교육과 스토리텔링을 전공하였고, 전통적인 영어교수법을 다양한 매체와 접목한 영어 프로그램을 기획·개발하고 있다. 대교, 천재교육, 언어세상, 사회평론, YBM시사, NE능률, 단비교육 등과 다수의 영어 교재를 집필하고, 모바일 학습 앱 '캐치잇 잉글리시'의 콘텐츠를 개발했다. 현재 유엔젤에서 유아 영어 프로그램 'flyEng(플라잉)'의 개발 PM과 교사 교육을 총괄하고 있다.

대표 저서 《기적의 사이트 워드》, 《기적의 동사변화 트레이닝》, 《기적의 영어문장 트레이닝》, 《기적의 문법+영작》, 《바빠 영어 시제 특강》, 《초등 영어를 결정하는 파닉스와 문장》, 《초등학생 소리별 영단어》 등

기적의 영어문장 만들기 5
Miracle Series – English Sentence Building 5

개정2판 발행 · 2023년 5월 23일

지은이 · 주선이
발행인 · 이종원
발행처 · 길벗스쿨
출판사 등록일 · 2006년 7월 1일 | **주소** · 서울시 마포구 월드컵로 10길 56 (서교동)
대표 전화 · 02)332-0931 | **팩스** · 02)323-0586
홈페이지 · www.gilbutschool.co.kr | **이메일** · gilbut@gilbut.co.kr

기획 및 책임 편집 · 김소이(soykim@gilbut.co.kr) | **표지 디자인** · 이현숙 | **본문 디자인** · 윤미주 | **제작** · 김우식
영업마케팅 · 김진성, 박선경 | **웹마케팅** · 박달님, 권은나 | **영업관리** · 정경화 | **독자지원** · 윤정아, 최희창

편집진행 및 교정 · 김미경 | **전산편집** · 연디자인 | **영문 감수** · Ryan P. Lagace | **본문삽화** · 김해진, 최정을
인쇄 · 교보피앤비 | **제본** · 경문제책 | **녹음** · YR 미디어

ISBN 979-11-6406-516-5 64740 (길벗 도서번호 30535)
정가 14,000원

독자의 1초까지 아껴주는 길벗출판사
㈜도서출판 길벗 | IT교육서, IT단행본, 경제경영서, 어학&실용서, 인문교양서, 자녀교육서
www.gilbut.co.kr
길벗스쿨 | 국어학습서, 수학학습서, 유아학습서, 어학학습서, 어린이교양서, 학습단행본
www.gilbutschool.co.kr

길벗스쿨 공식 카페 〈기적의 공부방〉 · cafe.naver.com/gilbutschool
인스타그램 / 카카오플러스친구 · @gilbutschool

제 품 명 : 기적의 영어문장 만들기 5
제조사명 : 길벗스쿨
제조국명 : 대한민국
전화번호 : 02-332-0931
주   소 : 서울시 마포구 월드컵로
          10길 56 (서교동)
제조년월 : 판권에 별도 표기
사용연령 : 8세 이상
KC마크는 이 제품이 공통안전기준에
적합하였음을 의미합니다.

더 새로워진 기적의 영어문장 만들기

《기적의 영어문장 만들기》2차 개정판을 통해 다시 만나게 되어 반갑습니다. 이 책은 영어를 처음 접하는 누구나 공통적으로 어려워하고 자주 틀리는 개념을 쉽고 재미있게 이해하고, 실용적인 예문으로 개념을 충분히 연습할 수 있도록 구성했습니다.

이번 개정판에서는 세련된 페이지 구성과 함께, 연습 문제와 복습 문제를 추가하여 아이들 스스로 배운 내용을 점검할 수 있도록 했습니다. 특히, 단어와 문장을 음성 파일로 제공하여 듣고 말하고 쓰는 입체적인 문법과 작문 학습이 가능합니다.

영어 작문의 기초가 되는 책!

영어 읽기를 처음 배울 때 파닉스를 배우듯《기적의 영어문장 만들기》는 쓰기의 파닉스 과정과 같습니다. 본격적인 작문을 하기 전에 영어 문장이 이루어지는 문장 규칙을 이해하면 영어를 읽고 쓰는 것이 훨씬 쉬워집니다. 우리 책에서는 문장의 중심인 동사를 기준으로 문장 구조를 소개하고 연습하도록 구성했습니다.

단어 활용법과 문법 개념이 저절로!

'단어'라는 재료를 문장 규칙에 따라 자연스럽게 활용하는 법을 배웁니다. 단어 블록을 통한 문장 만들기 연습은 직관적으로 영어 어순을 파악하게 하고, 문장 내 단어의 위치에 따라 그 단어의 기능이 어떻게 달라지는지를 익힐 수 있게 합니다. 문법을 별도로 배우지 않고서도 이 과정을 통해 주요 문법 개념을 저절로 습득하게 됩니다.

문장 만들기는 재미있는 집 짓기 과정!

이 책에서는 문장 만들기 과정을 집 짓기에 비유하여 '재료 준비 → 뼈대 만들기 → 살 붙이기'와 같은 단계를 거치게 됩니다. 이 단계를 따라서 단어 재료를 순서대로 배치하면 '슈퍼 문장'처럼 다양하고 긴 문장을 만들거나, '변신 문장'처럼 여러 형태의 문장들도 완성할 수 있게 됩니다.

문장 구조와 규칙을 내재화하는 과정!

문장 구조와 규칙은 꾸준한 반복 훈련을 통한 내재화 과정이 필요합니다. 이 과정을 거쳐야만 영어로 빠르게 생각할 수 있고, 이는 작문뿐만 아니라 말하기로 연결될 수 있습니다. MP3를 활용하여 문장을 듣고 말하기를 함께 연습하면 영어 회화에도 큰 도움이 될 것입니다.

많은 학생들과 선생님들이 이 책을 즐겁고 유익하게 사용할 수 있기를 소망합니다.

2023년 5월 주선이

문장을 만드는 원리

1단계 재료를 준비해요!

먼저 문장의 재료가 될 단어들이 필요해요. 문장 만들기에 사용할 단어들을 미리 알아 두는 것이 좋아요.
단어들은 다음과 같이 성격에 따라 여러 종류로 나눌 수 있어요.

명사	사람이나 사물의 이름을 나타내는 말이에요. **student** 학생 **dog** 개 **school** 학교 **book** 책 **water** 물
대명사	사람이나 사물의 이름을 대신하여 쓰는 말이에요. **I** 나는 **you** 너는 **he** 그는 **her** 그녀를 **them** 그들을 **our** 우리의
동사	사람이나 사물의 동작이나 상태를 나타내는 말이에요. **go** 가다 **run** 달리다 **live** 살다 **be** ~이다
형용사	사람이나 사물의 상태나 성질이 어떠한지 나타내는 말이에요. 주로 '어떠한'을 뜻하는 단어들이 속해요. **good** 좋은 **big** 큰 **pretty** 예쁜 **white** 하얀
부사	동사, 형용사, 부사 등을 꾸며 주는 말이에요. 주로 '어떻게'를 뜻하는 단어들이 속해요. **late** 늦게 **fast** 빠르게 **early** 일찍 **here** 여기에
전치사	명사나 대명사 앞에 오는 말이에요. 명사나 대명사 앞에 전치사를 붙여서 장소, 시간, 목적 등을 표현할 수 있어요. **to** ~으로 **on** ~위에 **in** ~안에 **with** ~와 함께 **for** ~을 위해
접속사	단어와 단어, 문장과 문장을 연결해 주는 말이에요. **and** 그리고 **but** 그러나 **so** 그래서 **or** 또는

2단계 문장의 뼈대를 만들어요!

단어들을 단순히 나열한다고 문장이 되는 것은 아니에요. 문장 규칙에 맞춰 단어들을 배열해야 문장이 이루어질 수 있어요. 문장이 되려면 기본적으로 다음과 같은 문장 뼈대를 갖추어야 해요.

| 주어 | + | 동사 | + | 목적어 | + | 목적보어 | = I saw a bird flying. |
| I | | saw | | a bird | | flying | 나는 새 한 마리가 날아가고 있는 것을 봤다. |

이렇게 〈주어 + 동사 + 목적어 + 목적보어〉 순서로 단어를 배열하면 문장이 완성돼요. 이처럼 목적어 뒤에 목적보어가 오는 문장을 5형식 문장이라고 해요. 5형식 문장에 쓰일 수 있는 동사들로 see, hear, want, ask, make, let, have, help 등이 있어요.

3단계 문장에 살을 붙여요!

문장의 뼈대에 살을 붙여서 문장의 의미를 좀더 구체적으로 표현할 수 있어요.
살은 때에 따라 찔 수도 있고 빠질 수도 있지만, 우리 몸에서 뼈가 부족하다면 큰일 나겠지요?
영어 문장도 마찬가지예요. 문장의 살은 좀 부족해도 괜찮지만, 문장의 뼈대는 반드시 있어야 해요.

| 주어 | + | 동사 | + | 목적어 | + | 목적보어 | + | 살(부사구) |
| I | | saw | | a bird | | flying | | over the tree |

= I saw a bird flying over the tree. 나는 나무 위로 새 한 마리가 날아가고 있는 것을 봤다.

이렇게 문장 뼈대에 부사 역할을 하는 말을 붙여서 의미를 좀더 확장할 수 있어요.
문장 뼈대에 붙이는 살에는 형용사구와 부사구가 있어요. 형용사구는 문장에서 형용사 역할을 하는 것을 말하고, 부사구는 문장에서 부사 역할을 하는 것을 말해요.

이 책의 특징

01 **뼈대 문장에서 긴 문장으로 차근차근 배우는 단계적 학습**

문장이 만들어지는 원리를 이해하여 기본 문형부터 살 붙인 슈퍼 문장까지 자신 있게 쓸 수 있습니다.
뼈대 문장에 단어를 하나씩 늘려가면서 차근차근 연습하니까 누구나 쉽게 영작할 수 있습니다.

02 **문장 구조를 한눈에 파악할 수 있는 단어 블록**

문장을 만드는 재료인 단어를 구별이 쉽게 색깔 블록에 넣어 문장 어순이 한눈에 파악될 수 있습니다. 단어를 순서대로 연결하기만 하면 문법을 깊이 알지 못해도 정확한 문장을 쓸 수 있습니다.

03 **문법 개념을 쉽게 익힐 수 있는 재미있는 만화**

만화에 핵심 문법 개념을 재미있게 녹여내어, 캐릭터들의 대화를 읽기만 해도 문법 개념을 이해할 수 있습니다. 영작할 때 자주 하는 실수에 대해 친절하게 설명하여 혼자서도 올바른 문장 쓰기가 가능합니다.

04 **영어 문장이 저절로 써지는 반복 & 누적 설계**

다양한 의미의 문장을 직접 써보는 반복 연습을 풍부하게 담아 문장 구조를 자연스럽게 익힐 수 있습니다.
새롭게 추가된 〈Review Test〉, 〈Word Test〉, 〈Final Test〉를 통해 앞에서 배운 전체 내용을 누적 점검할 수 있습니다.

부가 학습자료

Word Test

〈재료 준비하기〉에 등장하는 단어의
철자와 〈살 붙이기〉에서 배운 표현들을
정확하게 알고 있는지 다시 확인합니다.

Final Test

앞에서 배운 동사를 두 개씩 누적하여 우리말
에 알맞은 영어 문장을 완성해 봅니다. 주어진
단어를 사용해 문장을 만들면서 문장 구조를
제대로 파악했는지 마무리 점검합니다.

길벗스쿨 e클래스
eclass.gilbut.co.kr

길벗스쿨 e클래스에서 온라인 퀴즈,
MP3 파일 및 워크시트 다운로드 등
부가 학습자료를 이용하실 수 있습니다.

단어 따라쓰기 워크시트

온라인 퀴즈
(6월 초 오픈 예정)

학습계획표

시작하기에 앞서 이 책의 학습 계획을 세워 보세요.
스스로 지킬 수 있는 오늘의 목표를 정하고 꾸준히 실천해 보세요.
무엇보다도 계획하고 실천하는 공부 습관을 만드는 것이 중요합니다.

동사 see & hear	Day 1	Day 2	Day 3	Day 4	Day 5	Day 6
	문장의 뼈대 만들기	문장에 살 붙이기	의문문 만들기	문장의 뼈대 만들기	문장에 살 붙이기, 의문문 만들기	Challenge!, Review Test
계획한 날짜	월 일	월 일	월 일	월 일	월 일	월 일

동사 want & ask	Day 7	Day 8	Day 9	Day 10	Day 11	Day 12
	문장의 뼈대 만들기	문장에 살 붙이기	의문문 만들기	문장의 뼈대 만들기	문장에 살 붙이기, 의문문 만들기	Challenge!, Review Test
계획한 날짜	월 일	월 일	월 일	월 일	월 일	월 일

동사 make & let	Day 13	Day 14	Day 15	Day 16	Day 17	Day 18
	문장의 뼈대 만들기	문장에 살 붙이기	의문문 만들기	문장의 뼈대 만들기	문장에 살 붙이기, 의문문 만들기	Challenge!, Review Test
계획한 날짜	월 일	월 일	월 일	월 일	월 일	월 일

동사 have & help	Day 19	Day 20	Day 21	Day 22	Day 23	Day 24
	문장의 뼈대 만들기	문장에 살 붙이기	의문문 만들기	문장의 뼈대 만들기	문장에 살 붙이기, 의문문 만들기	Challenge!, Review Test
계획한 날짜	월 일	월 일	월 일	월 일	월 일	월 일

차례

첫 번째 동사

see

Step 1 **문장의 뼈대 만들기**
see / sees / saw / can see ···· 12

Step 2 **문장에 살 붙이기** ······· 20

Step 3 **의문문 만들기** ············· 24

두 번째 동사

hear

Step 1 **문장의 뼈대 만들기**
hear / hears / heard / can hear
···················· 28

Step 2 **문장에 살 붙이기** ······· 36

Step 3 **의문문 만들기** ··········· 40

Challenge! watch ··········· 42

Review Test ··············· 44

세 번째 동사

want

Step 1 **문장의 뼈대 만들기**
want / wants / wanted ······· 48

Step 2 **문장에 살 붙이기** ······· 54

Step 3 **의문문 만들기** ··········· 58

네 번째 동사

ask

Step 1 **문장의 뼈대 만들기**
ask / asks / asked ·············· 62

Step 2 **문장에 살 붙이기** ······· 68

Step 3 **의문문 만들기** ··········· 72

Challenge! tell ··········· 74

Review Test ··············· 76

다섯 번째 동사

make

Step1 문장의 뼈대 만들기
make / makes / made ········ 80

Step2 문장에 살 붙이기 ······· 88

Step3 의문문 만들기 ·········· 92

여섯 번째 동사

let

Step1 문장의 뼈대 만들기
let / lets / let / will let ········ 96

Step2 문장에 살 붙이기 ····· 102

Step3 변신 문장 만들기 ····· 106

Step4 의문문 만들기 ·········· 108

REVIEW TEST ········ 110

일곱 번째 동사

have

Step1 문장의 뼈대 만들기
have / has / had / will have ··· 114

Step2 문장에 살 붙이기 ······ 122

Step3 의문문 만들기 ·········· 126

여덟 번째 동사

help

Step1 문장의 뼈대 만들기
help / helps / helped / will help /
can help ··················· 130

Step2 문장에 살 붙이기 ····· 138

Step3 의문문 만들기 ·········· 142

CHALLENGE!   get ·············· 144

REVIEW TEST ················ 146

Word Test ❶~❽ ·················· 148

Final Test ❶~❹ ·················· 156

본 학습에 들어가기 전에 다음 단어들을 꼭 기억해 두세요.

명사

- ✔ bird 새
- ◯ duck 오리
- ◯ horse 말
- ◯ sky 하늘
- ◯ sun 해, 태양
- ◯ moon 달
- ◯ star 별
- ◯ cloud 구름

- ◯ lake 호수
- ◯ river 강
- ◯ coach 코치
- ◯ player 선수
- ◯ air 공기
- ◯ ball 공
- ◯ park 공원
- ◯ west 서쪽

- ◯ ballpark 야구장
- ◯ playground 운동장
- ◯ building 건물

지각동사 **see**

단어 & 문장 듣기

동사

- 동사원형 - 현재분사 -

○ **fly** 날다 - **flying** 날고 있는

○ **run** 달리다 - **running** 달리고 있는

○ **swim** 수영하다, 헤엄치다 -
swimming 수영하고 있는

○ **sleep** 자다 - **sleeping** 자고 있는

○ **hit** 때리다, 치다 - **hitting** 치고 있는

○ **kick** (발로) 차다 - **kicking** 차고 있는

○ **throw** 던지다 - **throwing** 던지고 있는

○ **catch** 잡다 - **catching** 잡고 있는

○ **set** (해, 달) 지다 - **setting** 지고 있는

○ **rise** (해, 달) 뜨다, 오르다 - **rising** 뜨고 있는

○ **shine** 빛나다 - **shining** 빛나고 있는

○ **move** 움직이다 - **moving** 움직이고 있는

문장의 뼈대 만들기

개념 쏙쏙 부모님이나 선생님, 친구와 역할을 나눠서 읽어 보세요.

❶ 첫 번째 동사 see를 만나볼까요?

❷ 어? see는 '~을 보다'라는 뜻 아닌가요?

맞아요. 3권에서 배웠듯이 see는 뒤에 목적어가 올 수 있어요. I see a bird.처럼이요.

❸ '나는 새를 본다.'라는 뜻이네요.

❹ 맞아요. 그리고 a bird 뒤에 한 단어를 덧붙일 수 있어요. I see a bird flying. (나는 새가 날고 있는 것을 본다.)

❺ 아~ flying이 붙으니까 '새가 날고 있는 것을 본다.'는 뜻이 되는군요.

이렇게 목적어 뒤에 목적어를 보충 설명해 주는 말을 덧붙일 수 있는데, 이 말을 뭐라고 부를까요?

❻ 음... 목적 동생? 목적 친구?

호호! 그 이름도 좋네요. 목적어를 보충 설명하는 말이라서 '목적격 보어(補語)' 또는 '목적보어'라고 해요. 우리는 목적보어라고 부를게요.

주어 + see + 목적어 + 목적보어

❼ 목적보어 자리에는 현재분사나 동사원형 두 가지가 올 수 있어요. 현재분사는 동사에 -ing를 붙인 형태예요.

❽ 선생님, 한 가지 이상해요. 목적보어로 동사원형을 쓰면 문장에 동사가 두 개나 되잖아요. 예전에 동사를 절대로 두 개 쓰지 말라고 하시고서는 힝.

❾ 호호, 맞아요! 동사 자리에 동사를 두 개 쓸 수 없지만 지금은 목적보어 자리에 동사를 쓰는 거니까 가능한 거예요~

아하~

see의 목적보어
① 현재분사
(동사원형 + -ing):
~하고 있는 것을
② 동사원형:
~하는 것을

주어 + see + 목적어 + 목적보어

지각동사 see가 쓰인 5형식 문장은 두 개의 문장으로 나눌 수 있어요. 예를 들어, '나는 해가 뜨고 있는 것을 본다.'라는 문장은, '나는 본다'와 '해가 뜨고 있다'로 나눠요. 5형식 문장에서 목적어는 '~가'로 해석하는 것이 자연스러워요. 이때 '해가(the sun)'는 목적어, '뜨고 있는 것(rising)'은 목적보어가 되는 거예요.

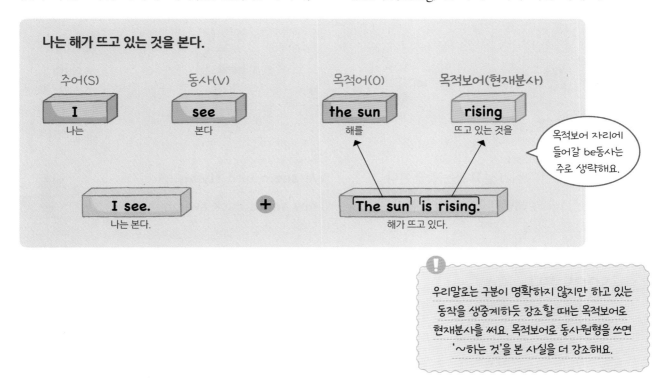

see(보다), hear(듣다), feel(느끼다) 같이 감각을 나타내는 동사를 지각동사라고 해요. 지각동사 뒤에는 목적보어로 현재분사(동사원형 + -ing)나 동사원형을 쓸 수 있어요.

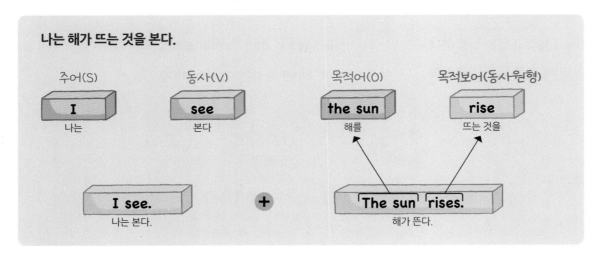

① see 본다

지각동사 see 뒤에 목적어와 목적보어를 합체하면 '~가 …하는 것을 본다'라는 뜻이에요. 이때 목적보어는 앞의 목적어가 하는 동작을 설명해 준답니다. 목적보어로 현재분사(동사원형 + -ing)를 쓸 때는 '~하고 있는 것을'이란 의미가 강조돼요.

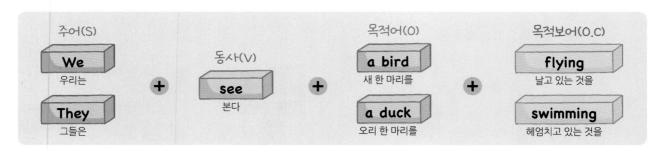

우리는 새 한 마리가 **날고 있는 것을** 본다.   We **see** a bird **flying**.

그들은 오리가 **헤엄치고 있는 것을** 본다.   They **see** a duck **swimming**.

② sees 본다

주어로 He, She, It 또는 단수 명사가 오면 동사 see에 -s를 붙여서 sees를 써요.

그는 개가 **달리고 있는 것을** 본다.   He **sees** a dog **running**.

그녀는 말이 **자고 있는 것을** 본다.   She **sees** a horse **sleeping**.

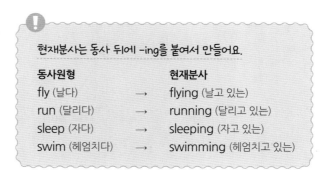

현재분사는 동사 뒤에 -ing를 붙여서 만들어요.

동사원형		현재분사
fly (날다)	→	flying (날고 있는)
run (달리다)	→	running (달리고 있는)
sleep (자다)	→	sleeping (자고 있는)
swim (헤엄치다)	→	swimming (헤엄치고 있는)

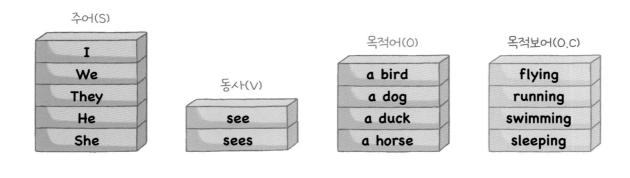

주어(S)

I
We
They
He
She

동사(V)

see
sees

목적어(O)

a bird
a dog
a duck
a horse

목적보어(O.C)

flying
running
swimming
sleeping

1. 나는 개가 자고 있는 것을 본다.

나는   본다   개 한 마리를   자고 있는 것을

2. 그는 오리가 날고 있는 것을 본다.

그는   본다   오리 한 마리를   날고 있는 것을

3. 우리는 말이 달리고 있는 것을 본다.

우리는   본다   말 한 마리를   달리고 있는 것을

4. 그녀는 새가 자고 있는 것을 본다.

그녀는   본다   새 한 마리를   자고 있는 것을

5. 그들은 말이 수영하고 있는 것을 본다.

그들은   본다   말 한 마리를   수영하고 있는 것을

6. 그녀는 오리가 달리고 있는 것을 본다.

그녀는   본다   오리 한 마리를   달리고 있는 것을

③ saw 보았다

보았던 일에 대해 말할 때는 saw를 합체해요. 지각동사 see는 목적보어로 동사원형을 쓰기도 해요. 목적어와 목적보어는 주어와 동사처럼 해석하는 것이 자연스러워요.

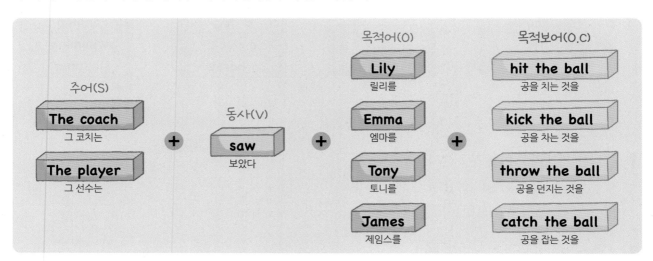

그 코치는 릴리가 **공을 치는 것을 봤다.**	The coach **saw** Lily **hit the ball.**	
그 선수는 엠마가 **공을 차는 것을 봤다.**	The player **saw** Emma **kick the ball.**	
그 코치는 토니가 **공을 던지는 것을 봤다.**	The coach **saw** Tony **throw the ball.**	
그 선수는 제임스가 **공을 잡는 것을 봤다.**	The player **saw** James **catch the ball.**	

주격 보어와 목적격 보어(목적보어)

① 2권에서 배운 보어는 주어를 보충 설명하는 주격 보어(S.C) 또는 보어(C)라고 해요. 명사나 형용사가 주격 보어 역할을 해요.
He is a student. (명사 보어)　　　She feels good. (형용사 보어)

② 5권에서 배우는 보어는 목적어를 보충 설명하는 목적격 보어 또는 목적보어(O.C)라고 해요. 목적보어는 동사에 따라 명사나 형용사뿐만 아니라 동사원형, 현재분사, to부정사 등 여러 형태가 가능해요. 동사에 따라 어떤 목적보어가 가능한지 꼭 함께 알아둬야 해요.

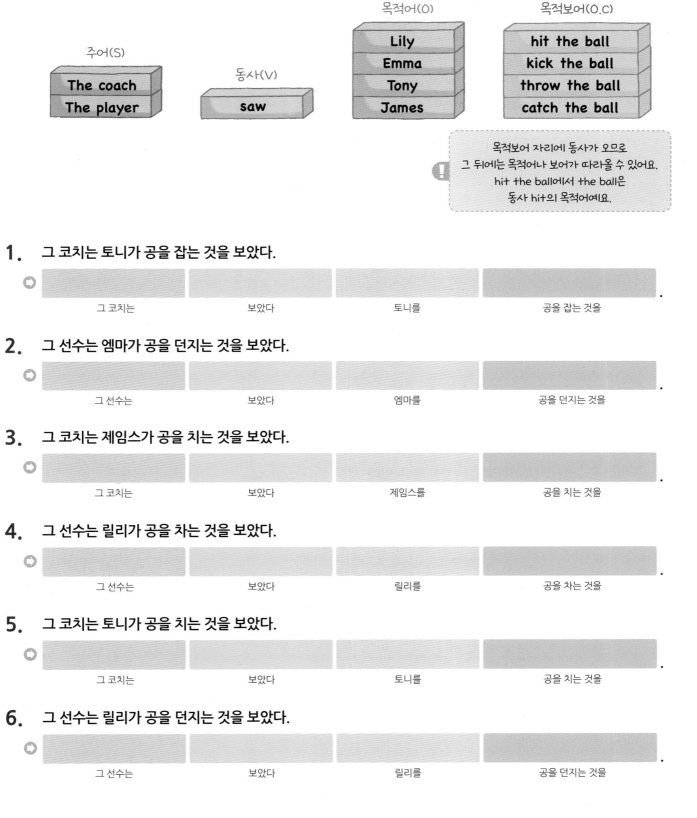

주어(S)

The coach
The player

동사(V)

saw

목적어(O)

Lily
Emma
Tony
James

목적보어(O.C)

hit the ball
kick the ball
throw the ball
catch the ball

목적보어 자리에 동사가 오므로
그 뒤에는 목적어나 보어가 따라올 수 있어요.
hit the ball에서 the ball은
동사 hit의 목적어예요.

1. 그 코치는 토니가 공을 잡는 것을 보았다.

그 코치는	보았다	토니를	공을 잡는 것을

2. 그 선수는 엠마가 공을 던지는 것을 보았다.

그 선수는	보았다	엠마를	공을 던지는 것을

3. 그 코치는 제임스가 공을 치는 것을 보았다.

그 코치는	보았다	제임스를	공을 치는 것을

4. 그 선수는 릴리가 공을 차는 것을 보았다.

그 선수는	보았다	릴리를	공을 차는 것을

5. 그 코치는 토니가 공을 치는 것을 보았다.

그 코치는	보았다	토니를	공을 치는 것을

6. 그 선수는 릴리가 공을 던지는 것을 보았다.

그 선수는	보았다	릴리를	공을 던지는 것을

④ **can see** 볼 수 있다

조동사 can은 '~할 수 있다'라는 능력을 나타내기도 하지만, '~하는 일이 가능하다'라는 '가능'을 나타내기도 해요. 예를 들어, 건물이 많은 도심에서는 일몰을 보기 어려울 때가 많지만, 산에 올라가거나 바다로 가면 앞이 탁 트여 일몰을 보는 게 가능해요. 이럴 때 I can see의 표현을 쓸 수 있어요. can은 조동사라서 항상 뒤에 동사원형 see를 써 주어요.

나는 해가 **지고 있는 것을** 볼 수 있다.　　　I **can see** the sun **setting**.

그들은 달이 **뜨고 있는 것을** 볼 수 있다.　　They **can see** the moon **rising**.

그는 별들이 **빛나고 있는 것을** 볼 수 있다.　He **can see** the stars **shining**.

그녀는 구름들이 **움직이고 있는 것을** 볼 수 있다.　She **can see** the clouds **moving**.

> 동사에 –ing를 붙여 현재분사를 만들 때 동사에 따라 방법이 조금씩 달라요.
> ① 대부분의 동사는 바로 뒤에 -ing를 붙여요:
>   fly → flying　　　sleep → sleeping　　　kick → kicking
> ② -e로 끝나는 동사는 -e를 없애고 -ing를 붙여요:
>   rise → rising　　　shine → shining　　　move → moving
> ③ <단모음＋단자음>으로 끝나는 동사는 자음을 반복한 뒤 -ing를 붙여요:
>   set → setting　　　swim → swimming　　　run → running

연습팍팍 각각의 블록을 합체하여 문장을 만들어 보세요.

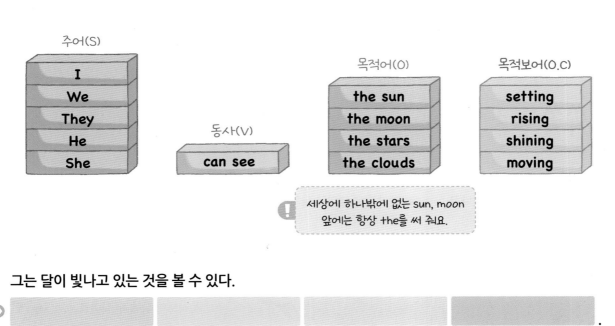

주어(S)
I
We
They
He
She

동사(V)
can see

목적어(O)
the sun
the moon
the stars
the clouds

목적보어(O.C)
setting
rising
shining
moving

! 세상에 하나밖에 없는 sun, moon 앞에는 항상 the를 써 줘요.

1. 그는 달이 빛나고 있는 것을 볼 수 있다.

그는　　　　　볼 수 있다　　　　　달을　　　　　빛나고 있는 것을

2. 우리는 해가 뜨고 있는 것을 볼 수 있다.

우리는　　　　　볼 수 있다　　　　　해(태양)를　　　　　뜨고 있는 것을

3. 나는 구름들이 올라가고 있는 것을 볼 수 있다.

나는　　　　　볼 수 있다　　　　　그 구름들을　　　　　올라가고 있는 것을

4. 그들은 별들이 움직이고 있는 것을 볼 수 있다.

그들은　　　　　볼 수 있다　　　　　그 별들을　　　　　움직이고 있는 것을

5. 그녀는 해가 빛나고 있는 것을 볼 수 있다.

그녀는　　　　　볼 수 있다　　　　　해(태양)를　　　　　빛나고 있는 것을

6. 그는 달이 지고 있는 것을 볼 수 있다.

그는　　　　　볼 수 있다　　　　　달을　　　　　지고 있는 것을

문장에 살 붙이기

개념 쏙쏙 부모님이나 선생님, 친구와 역할을 나눠서 읽어 보세요.

①
지난 주말에 시골에 갔는데 밤하늘에 정말 많은 별들이 빛나고 있었어요.

②
오호! 정말 아름다웠겠네요. 민준이 말을 영어로 옮겨 볼까요? '하늘에서'라는 뜻의 in the sky를 합체해 봐요.

③
음… in the sky를 어디에 써야 하죠?

어디서 빛나는지 목적보어를 더 자세히 설명하는 것이니깐 목적보어 뒤에 써 줘야죠.

목적보어 뒤에 부사나 부사구 같은 살들을 붙일 수 있어요.

④
아, 그럼 I saw the stars shining in the sky.
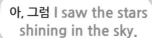

Excellent!

⑤
in the park를 이용해서 '나는 탐이 공원에서 공을 차는 것을 봤다.'라는 문장을 만들어 볼까요?

⑥
I saw Tom… kick in the park. 맞아요, 선생님?

아이고, '공'이 안 들어갔어요. 목적보어 kick 뒤에 the ball을 넣어야죠.

⑦
아하! I saw Tom kick the ball in the park.

Perfect!

⑧
하나 더 해 봐요. through the air를 이용해서 '새 한 마리가 공중을 가르며 날아가고 있는 것을 봤다.'를 말해 볼까요?

네, 도전! I saw a bird flying through the air.

전치사와 명사를 통째로 외워요.
in the river 강에서
in the lake 호수에서
at the ballpark 야구장에서
at the mall 쇼핑몰에서
on the playground 운동장에서

장소 부사구

문장 뒤에 장소 부사구를 합체해서 목적어에 대한 설명을 보충해 줄 수 있어요. 위치나 장소를 나타낼 때는 명사 앞에 전치사를 써요. 이번에는 전치사 in(~에서), on(~에서), over(~ 위로), through(~을 관통하여)를 이용하는 장소 부사구를 익혀 보도록 해요.

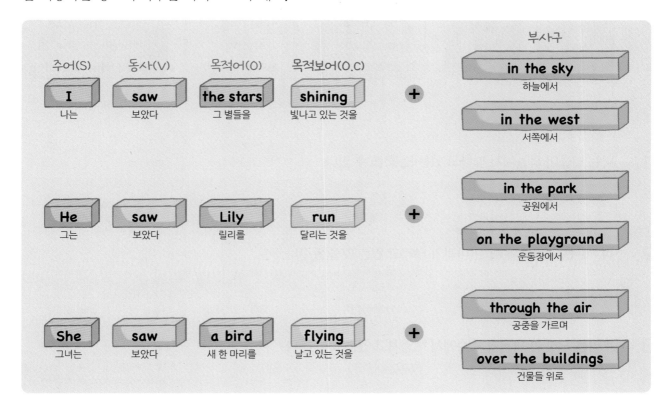

나는 별들이 **하늘에서** 빛나고 있는 것을 보았다.
그는 릴리가 **운동장에서** 달리는 것을 보았다.
그녀는 새가 **공중을 가르며** 날고 있는 것을 보았다.

I saw the stars shining **in the sky**.
He saw Lily run **on the playground**.
She saw a bird flying **through the air**.

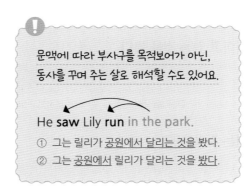

문맥에 따라 부사구를 목적보어가 아닌, 동사를 꾸며 주는 살로 해석할 수도 있어요.

He **saw** Lily **run** in the park.
① 그는 릴리가 공원에서 달리는 것을 봤다.
② 그는 공원에서 릴리가 달리는 것을 봤다.

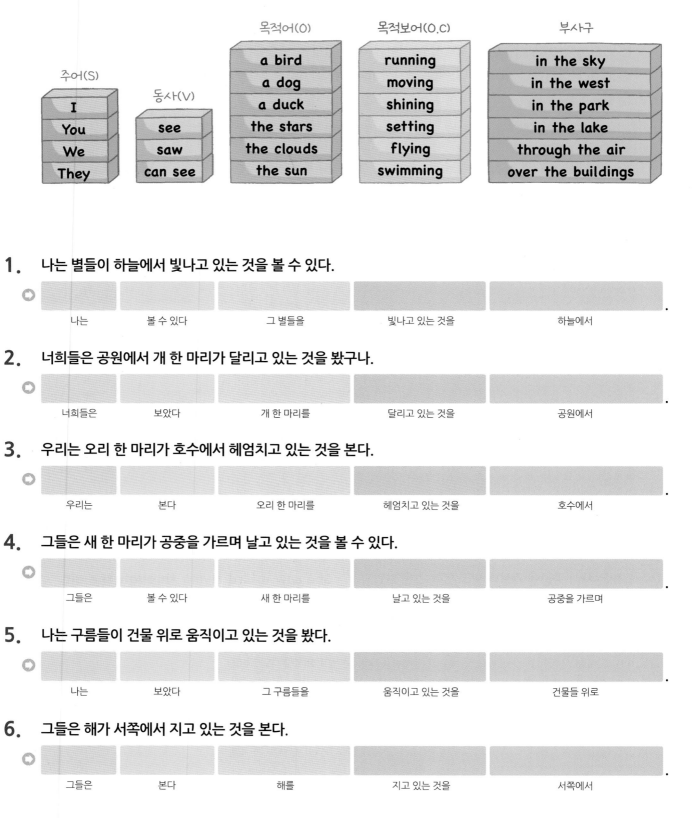

1. 나는 별들이 하늘에서 빛나고 있는 것을 볼 수 있다.

   ⇨ | | | | | | .

   나는　　　　볼 수 있다　　　　그 별들을　　　　빛나고 있는 것을　　　　하늘에서

2. 너희들은 공원에서 개 한 마리가 달리고 있는 것을 봤구나.

   ⇨ | | | | | | .

   너희들은　　　　보았다　　　　개 한 마리를　　　　달리고 있는 것을　　　　공원에서

3. 우리는 오리 한 마리가 호수에서 헤엄치고 있는 것을 본다.

   ⇨ | | | | | | .

   우리는　　　　본다　　　　오리 한 마리를　　　　헤엄치고 있는 것을　　　　호수에서

4. 그들은 새 한 마리가 공중을 가르며 날고 있는 것을 볼 수 있다.

   ⇨ | | | | | | .

   그들은　　　　볼 수 있다　　　　새 한 마리를　　　　날고 있는 것을　　　　공중을 가르며

5. 나는 구름들이 건물 위로 움직이고 있는 것을 봤다.

   ⇨ | | | | | | .

   나는　　　　보았다　　　　그 구름들을　　　　움직이고 있는 것을　　　　건물들 위로

6. 그들은 해가 서쪽에서 지고 있는 것을 본다.

   ⇨ | | | | | | .

   그들은　　　　본다　　　　해를　　　　지고 있는 것을　　　　서쪽에서

연습 **팍팍²** <주어+동사+목적어+목적보어+부사구> 순으로 블록들을 합체하여 영작하세요.

> 문장의 첫 글자는 대문자로 쓰고, 문장 끝에 마침표를 찍으세요.

1. 그는 토니가 운동장에서 공을 잡는 것을 본다.

Tony / on the playground / he / catch the ball / sees

⇨ ....

2. 그 코치는 엠마가 강에서 수영하는 것을 보았다.

in the river / saw / Emma / swim / the coach

⇨ ....

3. 그녀는 릴리가 운동장에서 공을 차는 것을 볼 수 있다.

kick the ball / she / Lily / on the playground / can see

⇨ ....

4. 그는 야구장에서 제임스가 공을 치는 것을 본다.

James / sees / at the ballpark / he / hit the ball

⇨ ....

5. 그 선수는 토니가 공원에서 달리는 것을 봤다.

the player / Tony / saw / in the park / run

⇨ ....

6. 그녀는 엠마가 야구장에서 공을 던지는 것을 볼 수 있다.

at the ballpark / she / can see / throw the ball / Emma

⇨ ....

❶ 의문사 없는 의문문

의문사가 없는 의문문은 Do/Does/Did로 시작해요. 조동사 can을 사용하는 의문문도 마찬가지로 주어 앞으로 Can을 보내서 의문문을 시작한답니다. 주어 뒤에는 동사원형인 see를 써야 해요. 이에 대한 대답은 Yes나 No로 할 수 있어요.

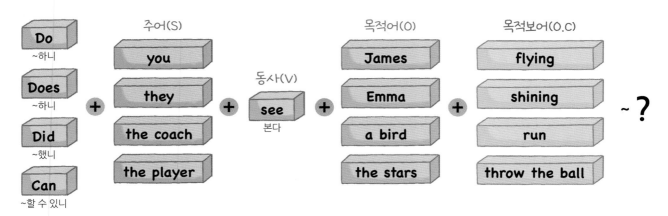

1. 그 코치는 제임스가 달리는 것을 볼 수 있어요?

➡ ⬜ ⬜ ⬜ ⬜ ⬜ ?

Yes, he/she can.

2. 그 선수는 엠마가 공을 던지는 것을 보니?

➡ ⬜ ⬜ ⬜ ⬜ ⬜ ?

No, he/she doesn't.

3. 너는 하늘에서 별들이 빛나고 있는 것을 보니?

➡ ⬜ ⬜ ⬜ ⬜ ⬜ ?

No, I don't.

4. 그들은 새 한 마리가 하늘을 가르며 날아가고 있는 것을 봤습니까?

➡ ⬜ ⬜ ⬜ ⬜ ⬜ ?

Yes, they did.

❷ 의문사 의문문

의문사가 있어도 어순은 똑같아요. 다만, When, Where, How, Why 등의 의문사를 사용할 때는 의문문 맨 앞에 의문사를 붙여 주기만 하면 된답니다. 대답은 Yes나 No로 할 수 없어요.

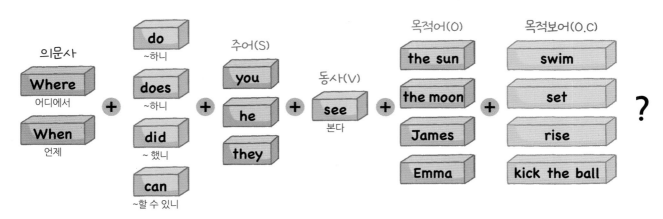

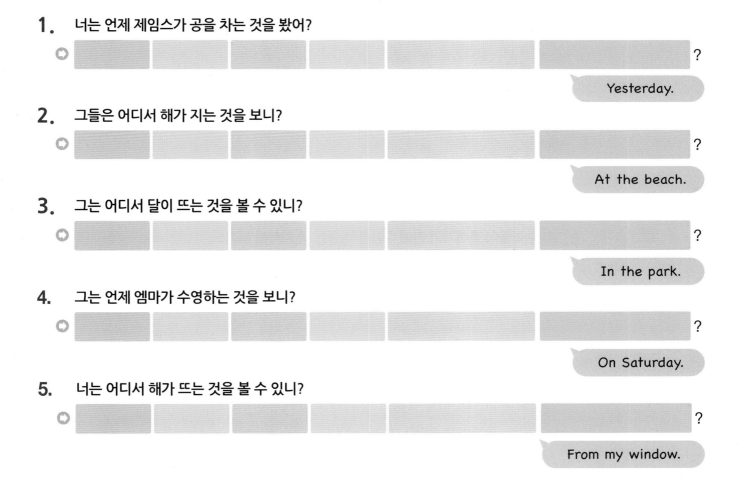

1. 너는 언제 제임스가 공을 차는 것을 봤어?

   ?

   Yesterday.

2. 그들은 어디서 해가 지는 것을 보니?

   ?

   At the beach.

3. 그는 어디서 달이 뜨는 것을 볼 수 있니?

   ?

   In the park.

4. 그는 언제 엠마가 수영하는 것을 보니?

   ?

   On Saturday.

5. 너는 어디서 해가 뜨는 것을 볼 수 있니?

   ?

   From my window.

재료 준비하기 본 학습에 들어가기 전에 다음 단어들을 꼭 기억해 두세요.

명사

- 사람 -
- ◯ baby 아기
- ◯ musician 음악가
- ◯ conductor 지휘자

- 악기 -
- ◯ drum 드럼
- ◯ flute 플루트
- ◯ piano 피아노
- ◯ violin 바이올린

- 자연 -
- ◯ water 물
- ◯ stream 시냇물

- 시간, 때 -
- ◯ day 낮, 일
- ◯ night 밤
- ◯ hour 시간
- ◯ minute 분
- ◯ morning 아침

대명사

- ◯ someone 누군가

형용사

- ◯ every 매~, ~마다
- ◯ a few 약간의, 좀

지각동사 hear

단어 & 문장 듣기

동사

- 동사원형 - 현재분사 -

○ cry 울다 - **crying** 울고 있는

○ boil 끓다 - **boiling** 끓고 있는

○ bark 짖다 - **barking** 짖고 있는

○ play 연주하다 - **playing** 연주하고 있는

○ sing 노래하다 - **singing** 노래하고 있는

○ shout 외치다 - **shouting** 외치고 있는

○ laugh (소리내어) 웃다 - **laughing** 웃고 있는

○ run (물, 피 등이) 흐르다 - **running** 흐르고 있는

○ clap 박수를 치다 - **clapping** 박수를 치고 있는

부사

○ ago ~ 전에

문장의 뼈대 만들기

개념 쏙쏙 부모님이나 선생님, 친구와 역할을 나눠서 읽어 보세요.

① 오늘 배울 hear는 앞에서 배운 see와 같은 문장 뼈대를 쓴답니다. watch, feel도 같은 뼈대를 쓰는 동사예요.

hear는 '듣다,' watch는 '보다,' feel은 '느끼다'… 뭔가 공통점이 있는 것 같은데요.

② 예리한데요. 이 동사들은 눈, 귀, 손과 같은 몸의 감각을 이용해 알게 될 때 사용하는 동사예요. 그래서 '지각동사'라고 해요.

아하! 전 지각하는 동사인 줄 알고, 늦게 나오나 했죠!

> 지각동사에서 '지각'이란? <알 지(知) + 깨달을 각(覺)>!

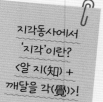

③ hear의 뼈대도 <주어 + hear + 목적어 + 목적보어>겠네요.

맞아요! 지각동사의 목적보어로는 동사원형 뒤에 -ing를 붙인 현재분사나 동사원형 두 가지를 써요.

주어 + ⌈ hear ⌉ + 목적어 + 목적보어
     hears   (현재분사)
     ⌊ heard ⌋   (동사원형)

④ 그런데 문장에 동사가 두 개나 등장하니까 자꾸 헷갈려요.

⑤ 문장에서 어느 자리에 쓰였는지 잘 살펴보면 돼요. 예를 들어, I play the piano.와 I heard him play the piano.를 비교해 볼까요?

비슷하면서도 다른 문장이네요.

⑥ 첫 번째 문장에서 play는 주어 바로 다음에 있으니까 문장의 동사로 '내가 연주한다' 라는 뜻이에요.

⑦ 두 번째 문장 I heard him play the piano.에서 play는 목적어 him 다음에 있으니까 '그가 피아노 연주하는 것을' 내가 들은 거예요.

아하~ 같은 play인데도 자리가 달라지니 해석이 분명히 달라지네요.

⑧ 맞아요. 동사 자리에 올 때와 목적보어 자리에 올 때 우리말 해석이 달라요. 뼈대 문장의 순서를 잘 기억하면 문장을 쉽게 해석할 수 있답니다.

> 같은 단어라도 동사 자리와 목적보어 자리에 올 때 해석이 달라져요.

주어 + hear + 목적어 + 목적보어

이번에는 지각동사 hear를 이용하여 문장을 만들어 볼 거예요. 지각동사 hear로 만든 문장도 두 개의 문장으로 나누면 쉽게 이해할 수 있어요. 예를 들어, '나는 개가 짖고 있는 것을 들었다.'는 '나는 들었다'는 것과 '개가 짖고 있었다'라는 두 가지 문장으로 나눌 수 있어요. 이때 '개가'는 목적어, '짖고 있었다'는 목적보어가 되는 거예요. hear와 같은 지각동사의 목적보어로 동사원형이나 현재분사를 쓴답니다.

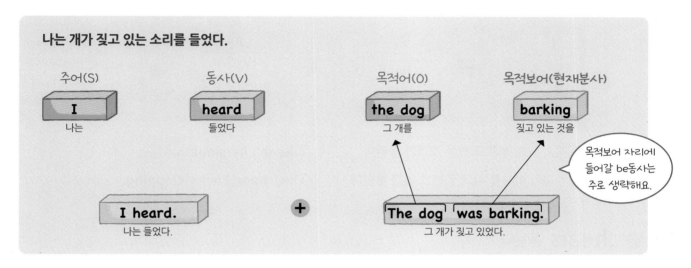

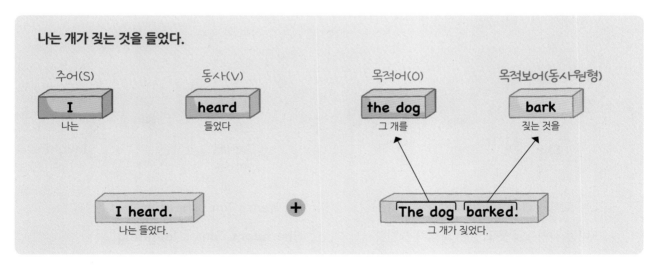

목적보어로 동사원형을 쓰든 현재분사를 쓰든 의미 차이는 크지 않아요. 다만 그 소리를 처음부터 끝까지 들었다면 주로 동사원형을 쓰고, 그 순간에 그 소리를 들었을 경우에는 주로 현재분사를 써요.

1 hear 듣는다

지각동사 hear 뒤에 목적어와 목적보어를 합체하면 '~가 …하는 소리를 듣는다'라는 뜻이에요. 즉 목적보어로 목적어가 하는 동작을 설명해 줄 수 있어요. 목적보어로 현재분사를 쓸 때는 '~하고 있는 것을'이란 뜻이에요.

나는 릴리가 **노래 부르고 있는** 소리가 들린다.　　　I **hear** Lily **singing**.

그들은 엠마가 **박수를 치고 있는** 소리가 들린다.　　They **hear** Emma **clapping**.

2 hears 듣는다

주어로 He, She, It 또는 단수 명사가 오면 -s를 붙여서 hears를 써요. 목적어와 목적보어는 우리말로 〈주어 + 동사〉처럼 해석하면 자연스러워요.

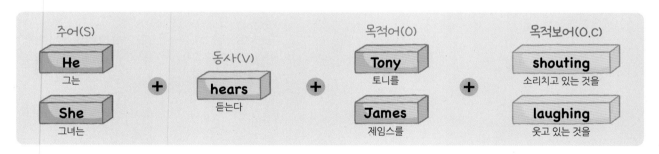

그는 토니가 **외치고 있는** 소리가 들린다.　　He **hears** Tony **shouting**.

그녀는 제임스가 **웃고 있는** 소리가 들린다.　　She **hears** James **laughing**.

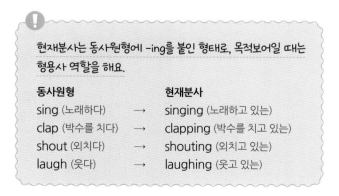

현재분사는 동사원형에 –ing를 붙인 형태로, 목적보어일 때는 형용사 역할을 해요.

동사원형		현재분사
sing (노래하다)	→	singing (노래하고 있는)
clap (박수를 치다)	→	clapping (박수를 치고 있는)
shout (외치다)	→	shouting (외치고 있는)
laugh (웃다)	→	laughing (웃고 있는)

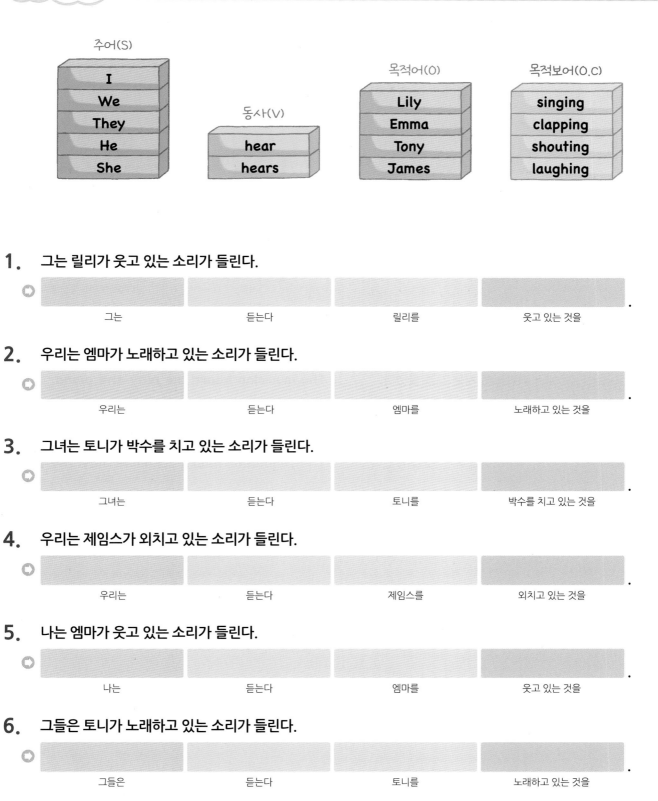

주어(S)
I
We
They
He
She

동사(V)
hear
hears

목적어(O)
Lily
Emma
Tony
James

목적보어(O.C)
singing
clapping
shouting
laughing

1. 그는 릴리가 웃고 있는 소리가 들린다.

⊃ _____ _____ _____ _____ .

　　그는　　　　　　듣는다　　　　　릴리를　　　　웃고 있는 것을

2. 우리는 엠마가 노래하고 있는 소리가 들린다.

⊃ _____ _____ _____ _____ .

　　우리는　　　　　듣는다　　　　　엠마를　　　노래하고 있는 것을

3. 그녀는 토니가 박수를 치고 있는 소리가 들린다.

⊃ _____ _____ _____ _____ .

　　그녀는　　　　　듣는다　　　　　토니를　　 박수를 치고 있는 것을

4. 우리는 제임스가 외치고 있는 소리가 들린다.

⊃ _____ _____ _____ _____ .

　　우리는　　　　　듣는다　　　　제임스를　　　외치고 있는 것을

5. 나는 엠마가 웃고 있는 소리가 들린다.

⊃ _____ _____ _____ _____ .

　　나는　　　　　　듣는다　　　　　엠마를　　　　웃고 있는 것을

6. 그들은 토니가 노래하고 있는 소리가 들린다.

⊃ _____ _____ _____ _____ .

　　그들은　　　　　듣는다　　　　　토니를　　　노래하고 있는 것을

③ heard 들었다

'들었다'는 의미를 나타낼 때는 heard를 써요. 목적어 뒤에 목적보어로 현재분사뿐 아니라 동사원형을 쓸 수 도 있어요. 목적어와 목적보어를 주어와 동사처럼 해석하면 자연스러워요.

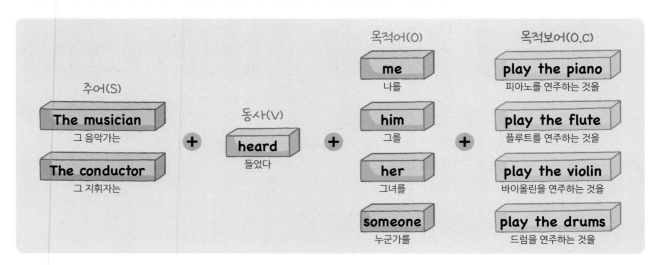

그 음악가는 내가 **피아노를 치는 것을** 들었다.　The musician **heard** me **play the piano.**

그 지휘자는 그가 **플루트를 부는 것을** 들었다.　The conductor **heard** him **play the flute.**

그 음악가는 그녀가 **바이올린을 켜는 것을** 들었다.　The musician **heard** her **play the violin.**

그 지휘자는 누군가가 **드럼을 치는 것을** 들었다.　The conductor **heard** someone **play the drums.**

> play the piano에서 the piano는 play의 목적어예요. 이처럼 목적보어 자리에 동사 성질을 띤 것이 오면 그 뒤에 목적어나 보어가 따라올 수 있어요.

연습팍팍 각각의 블록을 합체하여 문장을 만들어 보세요.

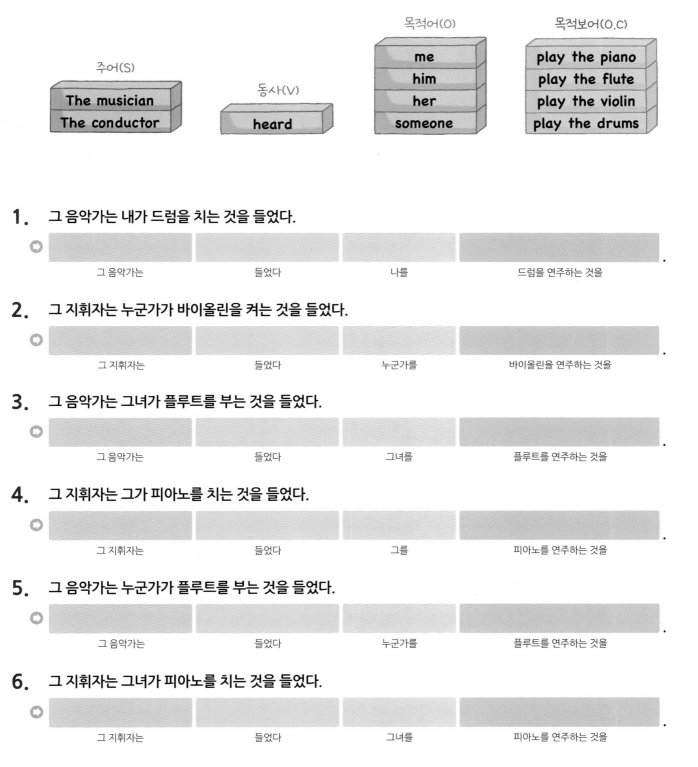

목적어(O)

| me |
| him |
| her |
| someone |

목적보어(O.C)

| play the piano |
| play the flute |
| play the violin |
| play the drums |

주어(S)

| The musician |
| The conductor |

동사(V)

| heard |

1. 그 음악가는 내가 드럼을 치는 것을 들었다.

그 음악가는	들었다	나를	드럼을 연주하는 것을

2. 그 지휘자는 누군가가 바이올린을 켜는 것을 들었다.

그 지휘자는	들었다	누군가를	바이올린을 연주하는 것을

3. 그 음악가는 그녀가 플루트를 부는 것을 들었다.

그 음악가는	들었다	그녀를	플루트를 연주하는 것을

4. 그 지휘자는 그가 피아노를 치는 것을 들었다.

그 지휘자는	들었다	그를	피아노를 연주하는 것을

5. 그 음악가는 누군가가 플루트를 부는 것을 들었다.

그 음악가는	들었다	누군가를	플루트를 연주하는 것을

6. 그 지휘자는 그녀가 피아노를 치는 것을 들었다.

그 지휘자는	들었다	그녀를	피아노를 연주하는 것을

④ **can hear** 들을 수 있다

지각동사 hear 앞에도 can을 붙여 '들을 수 있다, 듣는 일이 가능하다'라는 '가능'을 나타내 봐요.
can은 조동사이므로 뒤에 항상 동사원형 hear를 써요.

우리는 시냇물이 **흐르고 있는 소리를 들을 수 있다**.   We **can hear** a stream **running**.

그들은 개가 **짖고 있는 소리를 들을 수 있다**.   They **can hear** a dog **barking**.

그는 아기가 **울고 있는 소리를 들을 수 있다**.   He **can hear** a baby **crying**.

그녀는 물이 **끓고 있는 소리를 들을 수 있다**.   She **can hear** water **boiling**.

!

hear와 listen

· **hear**: 일부러 들으려고 의도하지 않아도 소리가 들려올 때 써요.
  길 가다가 차 소리나 새 소리를 들을 때 hear를 써요.

· **listen**: 일부러 귀 기울여 듣거나, 주의를 기울여 듣는다는 의미가 있어요.
  목적어를 쓸 때, hear 뒤에는 바로 목적어가 나오지만 listen 뒤에는 to를
  꼭 붙여야 해요.

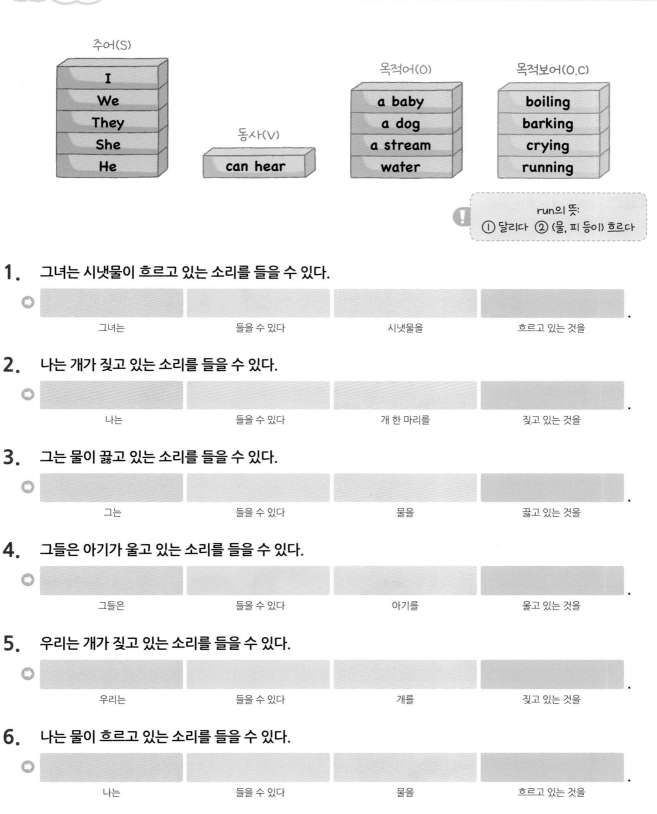

주어(S)

I
We
They
She
He

동사(V)

can hear

목적어(O)

a baby
a dog
a stream
water

목적보어(O.C)

boiling
barking
crying
running

run의 뜻:
① 달리다 ② (물, 피 등이) 흐르다

1. 그녀는 시냇물이 흐르고 있는 소리를 들을 수 있다.

| 그녀는 | 들을 수 있다 | 시냇물을 | 흐르고 있는 것을 |

2. 나는 개가 짖고 있는 소리를 들을 수 있다.

| 나는 | 들을 수 있다 | 개 한 마리를 | 짖고 있는 것을 |

3. 그는 물이 끓고 있는 소리를 들을 수 있다.

| 그는 | 들을 수 있다 | 물을 | 끓고 있는 것을 |

4. 그들은 아기가 울고 있는 소리를 들을 수 있다.

| 그들은 | 들을 수 있다 | 아기를 | 울고 있는 것을 |

5. 우리는 개가 짖고 있는 소리를 들을 수 있다.

| 우리는 | 들을 수 있다 | 개를 | 짖고 있는 것을 |

6. 나는 물이 흐르고 있는 소리를 들을 수 있다.

| 나는 | 들을 수 있다 | 물을 | 흐르고 있는 것을 |

문장에 살 붙이기

개념 쏙쏙 부모님이나 선생님, 친구와 역할을 나눠서 읽어 보세요.

①

선생님! 제가 조금 전에 피아노 치는 것을 들으셨어요?

그럼요. 그동안 많이 늘었네요.

②

혹시 제가 유명한 음악가가 되면 어떡하죠?

하하! 미리 사인을 받아야겠어요.

③

오늘은 시간 표현을 붙여 볼까요? 먼저 '그녀는 몇 분 전에 내가 피아노 치는 것을 들었다.'를 영어로 표현해 봐.

아휴, 바로 시작이네요.

④

'몇 분'은 a few minutes, '~ 전에'는 ago라는 표현을 이용해요.

She heard me play the piano a few minutes ago.

⑤

Wonderful! ago는 항상 과거를 나타내는 동사와 함께 쓴다는 점 기억해 두세요!

yesterday, last가 들어간 표현처럼요?

> last, ago가 들어간 표현, 또는 yesterday는 과거 시제와 함께 써요.

⑥

우리 민준이 참 똑똑해요! '몇 시간 전'은 어떻게 표현할까요? a few 뒤에는 항상 복수형을 써요.

A few hours ago.

⑦

Good! 그럼 '한 시간 전에'는?

A hour ago.

⑧

hour의 h는 소리가 안 나는 묵음이라서 모음 소리로 시작해요. hour 앞에 a가 와야 할까요, an이 와야 할까요?

헤헤, 모음 소리로 시작하는 단어 앞에는 an이 와야죠! An hour ago.

⑨
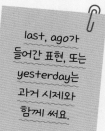
이번에는 '나는 매일 누군가 피아노 치는 소리를 듣는다.'라는 표현을 만들어 볼까요?

I hear someone play the piano every days.

⑩

음… every 뒤에는 항상 단수형을 써요.

아, 그럼. I hear someone play the piano every day.

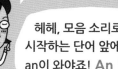
- a few + 복수 명사
- every + 단수 명사

시간 부사구

'언제' 듣는지 덧붙여 말하고 싶을 때 시간 부사구를 활용할 수 있어요. every는 '매, ~마다'라는 뜻으로 그 뒤에는 항상 단수 명사를 써요. 반복을 나타내는 표현이므로 주로 습관이나 반복되는 행위를 나타내는 현재형 동사와 같이 써요.

나는 **아침마다** 새가 노래하고 있는 것을 들어.

그녀는 **매일** 아기가 우는 소리를 들어.

I hear a bird singing **every morning**.

She hears a baby crying **every day**.

'얼마 전에'라고 표현할 때는 '~ 전에'라는 뜻의 ago를 써요. ago는 과거를 나타내는 동사와 함께 씁니다. a few는 '조금, 약간, 몇'이라는 뜻으로 그 뒤에는 셀 수 있는 명사의 복수형을 써요.

그들은 **몇 분 전에** 개가 짖고 있는 소리를 들었다.

우리는 **며칠 전에** 네가 플루트를 연주하는 것을 들었다.

They heard a dog barking **a few minutes ago**.

We heard you play the flute **a few days ago**.

주어(S)   동사(V)   목적어(O)   목적보어(O.C)   부사구

주어(S)	동사(V)	목적어(O)	목적보어(O.C)	부사구
I	hear	a dog	barking	every day
We	heard	a baby	crying	every morning
They	can hear	him	running	every night
		someone	boiling	an hour ago
		water	play the piano	a few minutes ago
		a stream	play the drums	a few days ago

1. 나는 밤마다 아기가 울고 있는 소리가 들린다.

나는   듣는다   아기를   울고 있는 것을   매일 밤

2. 그들은 한 시간 전에 개가 짖고 있는 소리를 들었다.

그들은   들었다   개 한 마리를   짖고 있는 것을   한 시간 전에

3. 우리는 며칠 전에 누군가가 드럼을 연주하는 것을 들었다.

우리는   들었다   누군가를   드럼을 연주하는 것을   며칠 전에

4. 그들은 매일 그가 피아노를 연주하는 것을 들을 수 있다.

그들은   들을 수 있다   그를   피아노를 연주하는 것을   매일

5. 우리는 몇 분 전에 물이 끓고 있는 소리를 들었다.

우리는   들었다   물을   끓고 있는 것을   몇 분 전에

6. 나는 매일 아침 시냇물이 흐르고 있는 소리를 들을 수 있다.

나는   들을 수 있다   시냇물을   흐르고 있는 것을   매일 아침

💡 문장의 첫 글자는 대문자로 쓰고, 문장 끝에 마침표를 찍으세요.

1. 그는 오늘 아침 제임스가 외치고 있는 소리를 들었다.

shouting / James / he / heard / this morning

➡ ....

2. 그녀는 하루 종일 엠마가 바이올린을 연주하는 것을 들을 수 있다.

all day long / Emma / she / play the violin / can hear

➡ ....

3. 그 음악가는 토니가 밤낮으로 노래하고 있는 것을 들을 수 있다.

Tony / day and night / singing / can hear / the musician

➡ ....

4. 그 지휘자는 어제 릴리가 웃고 있는 소리를 들었다.

heard / Lily / the conductor / yesterday / laughing

➡ ....

5. 그는 밤에 제임스가 박수를 치고 있는 소리를 들을 수 있다.

James / clapping / can hear / at night / he

➡ ....

6. 그녀는 아침에 엠마가 플루트를 연주하는 것을 듣는다.

in the morning / Emma / she / play the flute / hears

➡ ....

의문문 만들기

① 의문사 없는 의문문

의문사가 없는 의문문은 Do/Does/Did로 시작해요. 3인칭 단수 주어일 때는 Does를 쓰고, 과거 시제 문장일 때는 Did를 써요. 그리고 주어 뒤에 동사는 기본형인 hear가 와야 해요. Yes나 No로 대답해요.

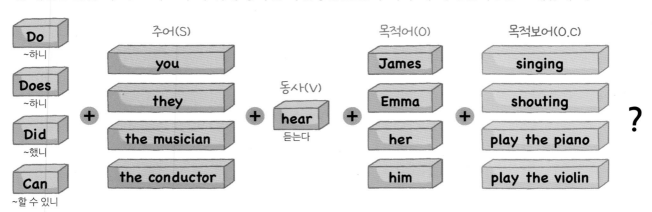

1. 너는 엠마가 노래 부르고 있는 소리가 들리니?

   ⬚ ⬚ ⬚ ⬚ ⬚ ?

   Yes, I do.

2. 그 지휘자는 그가 피아노 연주하는 것을 들을 수 있니?

   ⬚ ⬚ ⬚ ⬚ ⬚ ?

   Yes, he/she can.

3. 그들은 제임스가 소리치고 있는 것을 들었니?

   ⬚ ⬚ ⬚ ⬚ ⬚ ?

   No, they didn't.

4. 그 음악가는 그녀가 바이올린을 연주하는 것을 듣니?

   ⬚ ⬚ ⬚ ⬚ ⬚ ?

   Yes, he/she does.

② 의문사 의문문

의문사 When, Where, How, Why로 시작하는 의문문을 만들 때는 의문문 순서를 먼저 생각하고 문장 맨 앞에 의문사를 붙여 주면 된답니다. Yes나 No로 대답할 수 없어요.

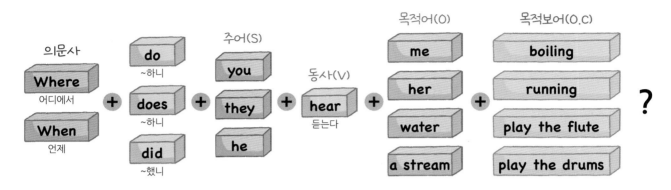

1. 너는 언제 내가 플루트를 연주하는 것을 들었어?

   ⟹ [   ] ?

   This morning.

2. 그는 어디서 그녀가 드럼을 연주하는 것을 들은 거니?

   ⟹ [   ] ?

   At school.

3. 너는 언제 물이 끓고 있는 소리를 듣니?

   ⟹ [   ] ?

   Every morning.

4. 그들은 언제 그녀가 달리고 있는 소리를 들었어?

   ⟹ [   ] ?

   A few hours ago.

5. 그는 어디서 시냇물 흐르고 있는 소리를 듣는 거니?

   ⟹ [   ] ?

   Behind his house.

지각동사 watch를 이용하여 문장을 만들어 보세요.
watch의 목적보어로 현재분사나 동사원형(원형부정사)을 써요.

지켜본다	watch
	watches
지켜봤다	watched
지켜볼 수 있다	can watch

문장의 뼈대 만들기

1. 나는 새가 노래하고 있는 것을 지켜본다.
⇨ [ ] [ ] [ ] [ ] .

2. 우리는 그가 공을 차는 것을 지켜봤다.
⇨ [ ] [ ] [ ] [ ] .

3. 그는 별들이 빛나고 있는 것을 지켜본다.
⇨ [ ] [ ] [ ] [ ] .

4. 그들은 새 한 마리가 날고 있는 것을 지켜본다.
⇨ [ ] [ ] [ ] [ ] .

5. 그 코치는 토니가 공을 던지는 것을 지켜볼 수 있다.
⇨ [ ] [ ] [ ] [ ] .

6. 그 지휘자는 엠마가 바이올린을 연주하는 것을 지켜볼 수 있다.
⇨ [ ] [ ] [ ] [ ] .

문장에 살 붙이기

1. 나는 매일 해가 지고 있는 것을 지켜본다.

> ▷ ☐ ☐ ☐ ☐ ☐ .

2. 우리는 공원에서 달이 뜨는 것을 지켜볼 수 있다.

> ▷ ☐ ☐ ☐ ☐ ☐ .

3. 그들은 부엌에서 물이 끓고 있는 것을 주시해서 봤다.

> ▷ ☐ ☐ ☐ ☐ in the kitchen .

4. 그녀는 호수에서 오리가 헤엄치고 있는 것을 지켜본다.

> ▷ ☐ ☐ ☐ ☐ ☐ .

5. 그 지휘자는 그 소년이 드럼을 연주하는 것을 매일 주시해서 볼 수 있다.

> ▷ ☐ ☐ ☐ ☐ ☐ .

6. 그 음악가는 며칠 전에 내가 피아노 연주하는 것을 지켜봤다.

> ▷ ☐ ☐ ☐ ☐ ☐ .

A. 우리말 뜻에 알맞게 동사 see와 hear를 이용하여 빈칸을 채우세요.

1.

본다	보지 않는다	보니?
see / _____	_____ /doesn't see	Do/ _____ ~ see?
보았다	보지 않았다	보았니?
_____	_____ see	Did ~ _____ ?
볼 것이다	보지 않을 것이다	볼 수 있다
will _____		can _____

2.

듣는다	듣지 않는다	듣니?
hear / _____	don't/ _____ hear	_____ /Does ~ hear?
들었다	듣지 않았다	들었니?
_____	_____	Did ~ _____ ?
들을 것이다	듣지 않을 것이다	들을 수 있다
_____ hear		

B. 주어진 단어를 순서대로 배열해 보세요.

> ! 문장의 첫 글자는 대문자로 쓰고, 문장 끝에 문장 부호를 쓰세요.

3. duck | sees | a | running | he

   ➡ _____

4. can | clouds | the | we | moving | see

   ➡ _____

5. heard | laughing | we | Emma

   ➡ _____

6. someone | can | I | clapping | hear

   ➡ _____

C. 주어진 문장을 지시대로 바꾸어 쓰세요.

7. The coach sees James catch the ball.

의문문 →

8. Can they see a bird flying through the air?

평서문 →

9. She hears a baby crying every day.

의문문 →

10. Did they hear her play the violin?

평서문 →

D. 주어진 단어들을 이용하여 우리말에 맞게 문장을 완성해 보세요.

11. 그 음악가는 며칠 전에 그녀가 플루트를 연주하는 것을 들었다. ··· musician | a few

→

12. 나는 한 시간 전에 그가 외치고 있는 소리를 들었다. ·················· shouting | ago

→

13. 그녀는 오리 한 마리가 호수에서 헤엄치고 있는 것을 지켜본다. ··· watch | swimming

→

맞힌 개수 :

/13 개

명사

- ✔ **coach** 코치
- ○ **player** 선수
- ○ **doctor** 의사
- ○ **game** 경기, 게임
- ○ **rest** 휴식

동사

- ○ **be** ~이다
- ○ **wait** 기다리다
- ○ **come** 오다
- ○ **stay** 머물다
- ○ **leave** 떠나다
- ○ **eat** 먹다
- ○ **get** 얻다, 구하다

- ○ **win** 이기다
- ○ **practice** 연습하다

want

형용사

- happy 행복한
- strong 튼튼한, 강한
- healthy 건강한

전치사

- for ~을 위해
- with ~와 함께
- like ~을 닮아, ~와 같은

부사(구)

- more 더 많이
- hard 열심히
- early 일찍
- longer 더 오래
- most of all 무엇보다도
- all the time 항상

개념 쏙쏙 부모님이나 선생님, 친구와 역할을 나눠서 읽어 보세요.

선생님, 오늘은 어떤 변덕쟁이 동사를 만나나요? ❶

오늘은 목적보어 자리에 to부정사를 쓰는 동사를 만나봐요. 먼저 want를 볼까요?

want는 I want this. 이런 뼈대도 가능하잖아요. ❷

그럼요.

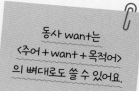

동사 want는 〈주어＋want＋목적어〉의 뼈대로도 쓸 수 있어요.

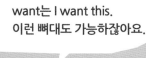

그런데 한 개의 동사가 여러 가지 문장 뼈대를 가지는 경우가 아주 많아요. want도 목적어 뒤에 목적보어가 나올 수 있는 거죠. ❸

이때 목적보어 자리에 〈to＋동사원형〉, 즉 to부정사를 써요. ❹

want는 목적보어가 한 가지뿐이네요!

주어 + want + 목적어 + 목적보어(to부정사)

That's right. 이때 목적보어로 쓰인 to부정사는 '~하기를'이라고 해석해요. want의 과거형은 규칙 변화를 해요. ❺

오랫만에 규칙형 동사가 나왔네요. 그럼 -ed를 붙여서 wanted!

Good! 첫 번째 문제. '그는 내가 오기를 원한다.'를 표현해 볼까요? ❻

쉽다는 느낌이 팍 오는데요. He wants I come.

우리말로는 '내가'라고 하지만 그 자리는 목적어 자리에요. 그래서 주격인 I를 쓸 수 없답니다. 그리고 목적보어에 to부정사가 온다고 했죠? ❼

아, 맞다! want는 목적보어로 to부정사를 쓴다고 했죠? 그럼, He wants me to come. ❽

Great! 목적보어의 형태는 앞의 동사가 결정해 줘요. 그래서 동사와 목적보어를 항상 함께 기억해 두면 좋아요!

want의 목적보어는 to부정사 (to＋동사원형)!

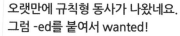

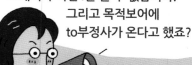

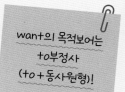

주어 + want + 목적어 + 목적보어

동사 want가 쓰인 5형식 문장도 두 개의 상황으로 나누어 보면 쉽게 이해할 수 있어요. 예를 들어, '나는 그녀가 오기를 원한다.'라는 문장은, '나는 원한다'와 '그녀가 오기를'이라는 두 가지 상황이 합쳐진 것입니다. 이때 '그녀가'는 목적어, '오기를'은 목적보어가 되는 거예요. 일반동사 want, ask는 목적보어로 to부정사를 써요.

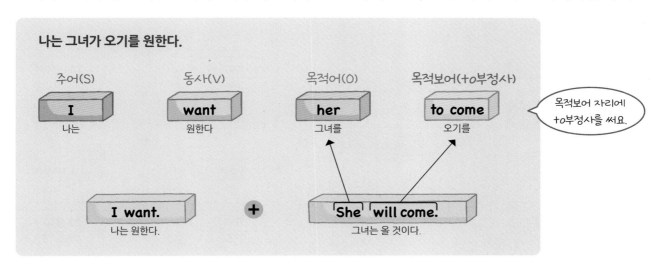

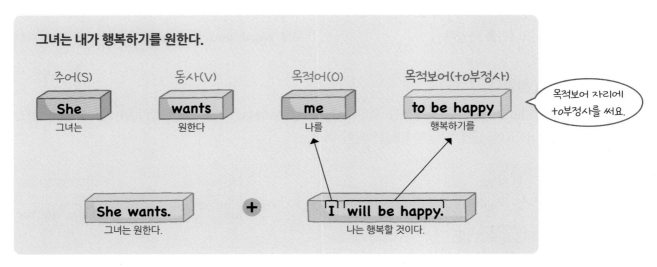

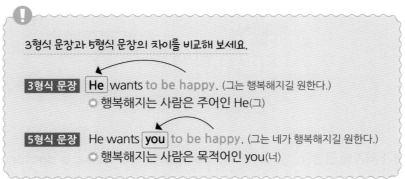

3형식 문장과 5형식 문장의 차이를 비교해 보세요.

3형식 문장 He wants to be happy. (그는 행복해지길 원한다.)
　○ 행복해지는 사람은 주어인 He(그)

5형식 문장 He wants you to be happy. (그는 네가 행복해지길 원한다.)
　○ 행복해지는 사람은 목적어인 you(너)

1 want 원한다

'~을 원한다, 바란다'라는 뜻의 동사 want 뒤에도 목적어와 목적보어가 따라와요. 목적보어는 앞의 목적어를 설명해 주는 말이에요. 목적보어로 to부정사가 오면 '~하기를' 또는 '~하는 것을'이란 뜻으로 해석해요. 목적어와 목적보어는 〈주어 + 동사〉처럼 해석하면 자연스러워요.

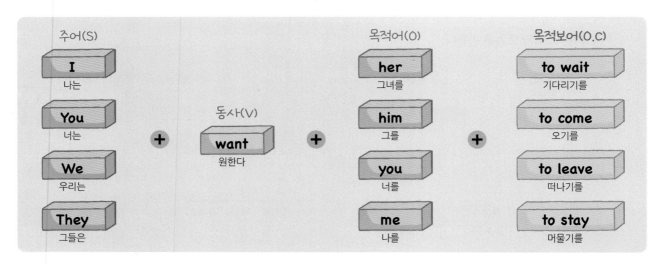

나는 그녀가 **기다리기를 원한다**.   I **want** her **to wait**.

우리는 네가 **떠나기를 바란다**.   We **want** you **to leave**.

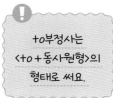

to부정사는
〈to + 동사원형〉의
형태로 써요.

2 wants 원한다

주어로 He, She, It 또는 단수 명사가 오면 -s를 붙여서 wants를 써요. to부정사 뒤에는 항상 동사원형을 쓰니까, am, are, is 대신에 동사원형 be를 써야 해요.

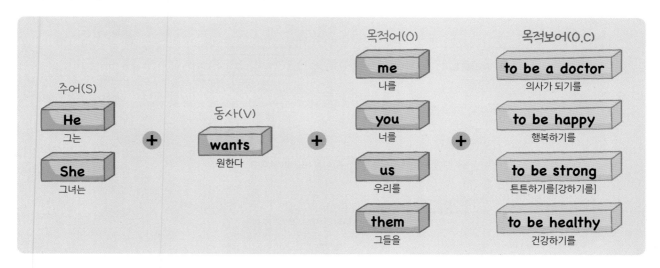

그는 내가 **의사가 되기를 원한다**.   He **wants** me **to be a doctor**.

그녀는 네가 **행복하기를 바란다**.   She **wants** you **to be happy**.

주어(S)
I
You
We
They
He
She

동사(V)
want
wants

목적어(O)
her
him
you
me
them
us

목적보어(O.C)
to wait
to come
to leave
to be happy
to be strong
to be healthy

1. 나는 그가 오기를 원한다.

나는	원한다	그를	오기를

2. 너는 내가 떠나기를 바라잖아.

너는	원한다	나를	떠나기를

3. 그는 그들이 행복하기를 바란다.

그는	원한다	그들을	행복하기를

4. 그녀는 우리가 튼튼하기를 바란다.

그녀는	원한다	우리를	튼튼하기를[강하기를]

5. 그들은 그녀가 기다리기를 바란다.

그들은	원한다	그녀를	기다리기를

6. 우리는 네가 건강하기를 원한다.

우리는	원한다	너를	건강하기를

③ **wanted 원했다**

동사 want의 과거형은 -ed를 붙여서 wanted로 써요. want는 목적보어로 to부정사를 쓰는데, 목적어와 목적보어는 주어와 동사처럼 해석하면 자연스러워요. 목적보어 자리에 동사가 오므로 그 뒤에 목적어나 부사가 따라올 수 있어요.

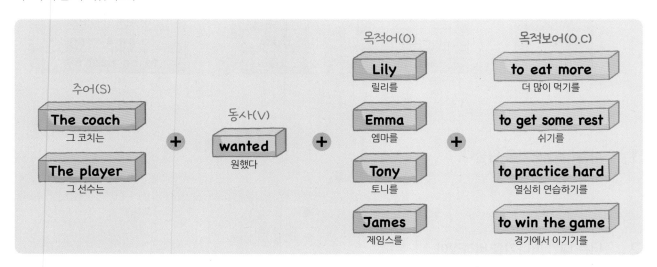

그 코치는 릴리가 **더 많이 먹길 원했다**.　　　　The coach **wanted** Lily **to eat more**.

그 선수는 엠마가 **쉬길 바랐다**.　　　　　　　The player **wanted** Emma **to get some rest**.

그 코치는 토니가 **열심히 연습하길 원했다**.　　　The coach **wanted** Tony **to practice hard**.

그 선수는 제임스가 **경기에서 이기길 바랐다**.　　The player **wanted** James **to win the game**.

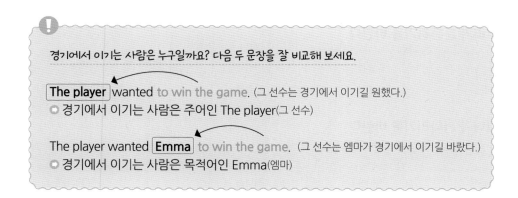

경기에서 이기는 사람은 누구일까요? 다음 두 문장을 잘 비교해 보세요.

The player wanted to win the game. (그 선수는 경기에서 이기길 원했다.)
○ 경기에서 이기는 사람은 주어인 The player(그 선수)

The player wanted Emma to win the game. (그 선수는 엠마가 경기에서 이기길 바랐다.)
○ 경기에서 이기는 사람은 목적어인 Emma(엠마)

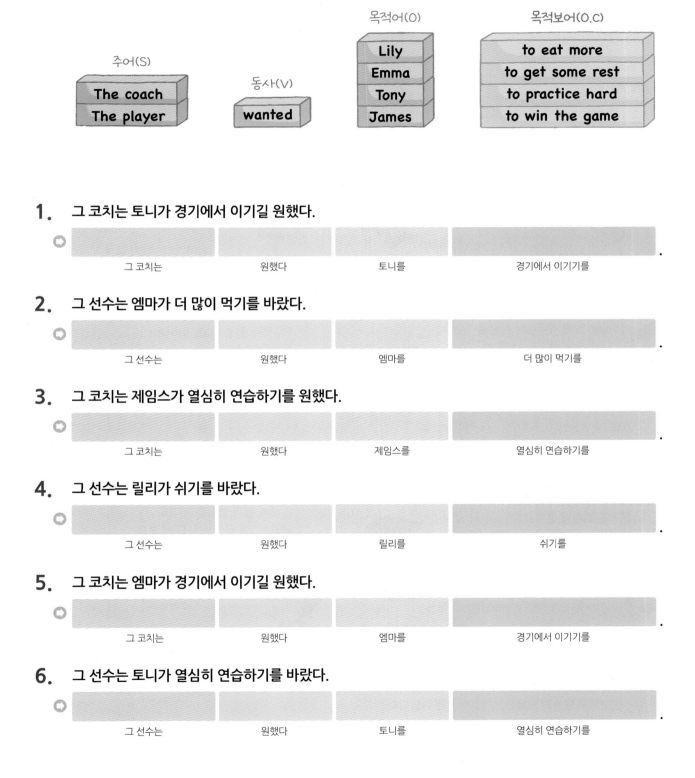

연습팍팍 각각의 블록을 합체하여 문장을 만들어 보세요.

주어(S)
The coach
The player

동사(V)
wanted

목적어(O)
Lily
Emma
Tony
James

목적보어(O.C)
to eat more
to get some rest
to practice hard
to win the game

1. 그 코치는 토니가 경기에서 이기길 원했다.

그 코치는	원했다	토니를	경기에서 이기기를

2. 그 선수는 엠마가 더 많이 먹기를 바랐다.

그 선수는	원했다	엠마를	더 많이 먹기를

3. 그 코치는 제임스가 열심히 연습하기를 원했다.

그 코치는	원했다	제임스를	열심히 연습하기를

4. 그 선수는 릴리가 쉬기를 바랐다.

그 선수는	원했다	릴리를	쉬기를

5. 그 코치는 엠마가 경기에서 이기길 원했다.

그 코치는	원했다	엠마를	경기에서 이기기를

6. 그 선수는 토니가 열심히 연습하기를 바랐다.

그 선수는	원했다	토니를	열심히 연습하기를

Step 2
문장에 살 붙이기

개념 쏙쏙 부모님이나 선생님, 친구와 역할을 나눠서 읽어 보세요.

① 선생님! 오늘은 3시까지 끝내 주세요. 형이 같이 가자고 기다려 달라고 해서요.

② 그럼 민준이가 방금 한 말을 영어로 옮길 수 있으면 빨리 끝내줄게요.

③ 헉… 그냥 계속하세요.

하하. '그는 내가 그를 기다려 주기를 원한다.'를 영어로 표현해 볼까요?

④ wait 뒤에 기다리는 사람을 나타낼 때 전치사 for를 써 주세요.

그럼 He wants me to wait for he.

전치사 뒤에는 인칭대명사의 목적격을 써요.

⑤ 아, 맞다. He wants me to wait for him.

Great!

⑥ '나는 네가 여기에 나와 함께 있기를 바란다.' 이 문장을 표현해 볼까요?

'나와 함께'는 with를 쓰니깐… with me. 그래서 I want you to be here with me.

⑦ 오늘 실력 발휘를 제대로 하네요! 그럼 문장 하나만 더 하면 오늘 수업은 끝!

Go ahead!

⑧ '나는 네가 항상 행복하기를 바란다.'를 all the time을 이용해서 표현해 보세요.

'항상'은 always를 써도 되잖아요.

⑨ 영어에도 같은 뜻을 가진 여러 표현이 있어요. all the time은 문장 끝에 온답니다.

⑩ 그렇구나. I want you to be happy all the time.

Excellent!

❶ for/with/like + 명사/인칭대명사

전치사가 들어간 부사구로 목적보어에 살을 붙여 줄 수 있어요. 전치사 for는 '~을 위해,' with는 '~와 함께,' like는 '~처럼'이라는 뜻의 전치사예요. 전치사 뒤에 인칭대명사를 쓸 때는 me, her, us, them과 같은 목적격을 써야 해요.

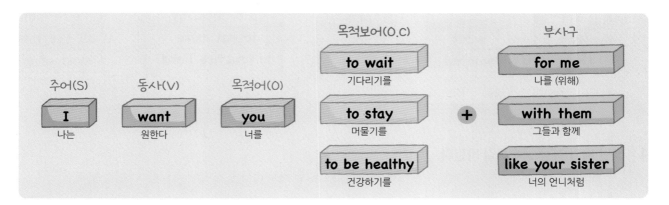

나는 네가 **날** 기다려 주면 좋겠어.	I want you to wait **for me**.
나는 네가 **그들과 함께** 머물면 좋겠어.	I want you to stay **with them**.
나는 네가 **너의 언니처럼** 건강하면 좋겠어.	I want you to be healthy **like your sister**.

❷ 강조 부사구

빈도나 강조를 나타내는 부사구를 문장 맨 앞이나 뒤에 덧붙여 쓸 수 있답니다. 이때 부사구는 목적보어나 문장의 동사를 위한 살이 될 수 있어요.

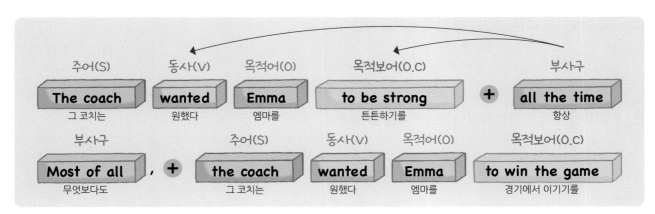

그 코치는 엠마가 **항상** 튼튼하기를 바랐다.

The coach wanted Emma to be strong **all the time**.

무엇보다도 그 코치는 엠마가 그 경기에서 이기기를 원했다.

Most of all, the coach wanted Emma to win the game.

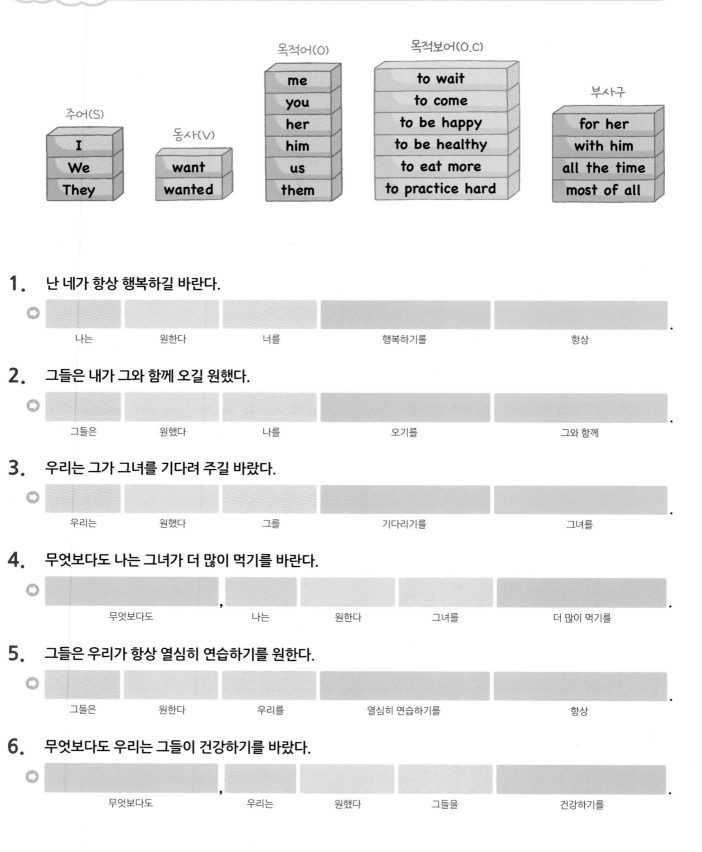

연습팍팍❶ 각각의 블록을 합체하여 문장을 만들어 보세요.

주어(S)
I
We
They

동사(V)
want
wanted

목적어(O)
me
you
her
him
us
them

목적보어(O.C)
to wait
to come
to be happy
to be healthy
to eat more
to practice hard

부사구
for her
with him
all the time
most of all

1. 난 네가 항상 행복하길 바란다.

　나는　／　원한다　／　너를　／　행복하기를　／　항상　.

2. 그들은 내가 그와 함께 오길 원했다.

　그들은　／　원했다　／　나를　／　오기를　／　그와 함께　.

3. 우리는 그가 그녀를 기다려 주길 바랐다.

　우리는　／　원했다　／　그를　／　기다리기를　／　그녀를　.

4. 무엇보다도 나는 그녀가 더 많이 먹기를 바란다.

　무엇보다도　,　나는　／　원한다　／　그녀를　／　더 많이 먹기를　.

5. 그들은 우리가 항상 열심히 연습하기를 원한다.

　그들은　／　원한다　／　우리를　／　열심히 연습하기를　／　항상　.

6. 무엇보다도 우리는 그들이 건강하기를 바랐다.

　무엇보다도　,　우리는　／　원했다　／　그들을　／　건강하기를　.

! 문장의 첫 글자는 대문자로 쓰고, 문장 끝에 마침표를 찍으세요.

1. 그는 무엇보다도 릴리가 좀 쉬기를 원한다.

wants / he / Lily / most of all, / to get some rest

2. 그녀는 토니가 일찍 떠나기를 바란다.

early / she / wants / to leave / Tony

3. 그 코치는 무엇보다도 엠마가 경기에서 이기기를 원했다.

Emma / wanted / most of all, / the coach / to win the game

4. 그 선수는 제임스가 더 오래 머물기를 바란다.

the player / James / wants / longer / to stay

5. 그는 엠마가 그녀의 아버지처럼 의사가 되기를 원했다.

to be a doctor / he / Emma / like her father / wanted

6. 그녀는 제임스가 그의 형처럼 강해지기를 바란다.

like his brother / wants / James / to be strong / she

의문문 만들기

① 의문사 없는 의문문

의문사가 없는 의문문은 Do/Does/Did로 시작해요. 주어 뒤에는 동사원형인 want를 써야 해요.
이에 대한 대답은 Yes나 No로 할 수 있어요.

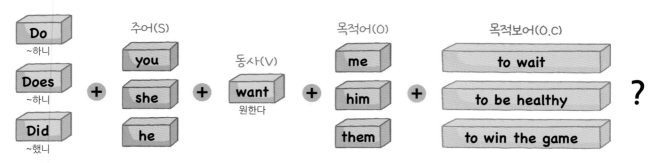

1. 너는 그가 기다리기를 원하니?

⬭ [   ] [   ] [   ] [   ] [   ] ?

No, I don't.

2. 그녀는 내가 건강하기를 바라니?

⬭ [   ] [   ] [   ] [   ] [   ] ?

Yes, she does.

3. 너는 내가 기다리기를 바랐니?

⬭ [   ] [   ] [   ] [   ] [   ] ?

No, I didn't.

4. 그는 그들이 그 경기를 이기기를 원했니?

⬭ [   ] [   ] [   ] [   ] [   ] ?

Yes, he did.

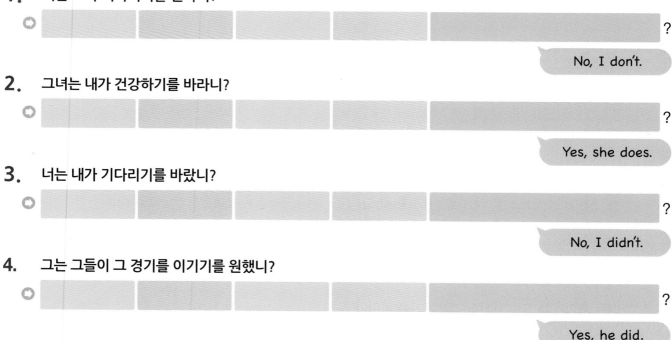

② 의문사 의문문

When, Where, How, Why 등의 의문사를 사용할 때는 일반 의문문의 맨 앞에 의문사를 붙여 주기만 하면 된답니다. Yes나 No로 대답할 수 없어요.

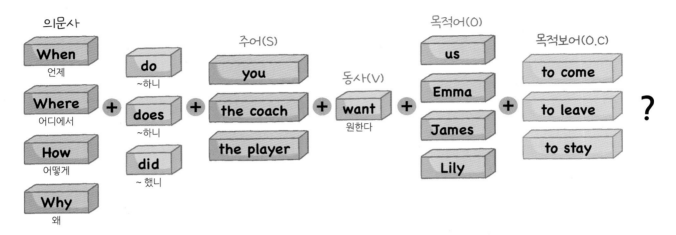

1. 너는 제임스가 언제 머물기를 원해?

   ➡ [   ] ?

   Next week.

2. 그 코치는 우리가 어떻게 오기를 원해요?

   ➡ [   ] ?

   By bus.

3. 그 코치는 우리가 어디에서 머물기를 원했어?

   ➡ [   ] ?

   At his house.

4. 그 선수는 엠마가 언제 떠나기를 원해요?

   ➡ [   ] ?

   Tomorrow.

5. 너는 왜 릴리가 오기를 원해?

   ➡ [   ] ?

   Because we have a meeting.

명사

- ✔ **light** 불, 조명
- ○ **gas** 가스, 휘발유
- ○ **trash** 쓰레기
- ○ **onion** 양파
- ○ **carrot** 당근
- ○ **potato** 감자(복수형: potatoes)
- ○ **cook** 요리사
- ○ **baker** 제빵사

부사

- ○ **always** 항상
- ○ **usually** 보통, 대개
- ○ **often** 자주, 종종
- ○ **sometimes** 때때로, 가끔
- ○ **hardly** 좀처럼[거의] ~ 않다
- ○ **never** 절대로[결코] ~ 않다
- ○ **hard** 열심히
- ○ **loudly** 크게

ask

단어 & 문장 듣기

동사

- work 일하다, 공부하다
- keep 유지하다, ~인 상태를 유지하다
- speak 말하다
- boil 끓이다, 삶다
- chop 자르다, 잘게 다지다
- peel 껍질을 벗기다
- sit down 앉다
- cut up 잘게 썰다

- put away 치우다
- take out 꺼내다
- turn on (가스, 전기 등을) 켜다
- turn off (가스, 전기 등을) 끄다

형용사

- quiet 조용한
- some 약간의, 조금

Step 1

문장의 뼈대 만들기

개념 쏙쏙 부모님이나 선생님, 친구와 역할을 나눠서 읽어 보세요.

① 지금 배울 ask는 앞서 배운 want와 같은 문장 뼈대를 써요.

그럼 ask 뒤에 목적어랑 to부정사가 오는 거네요.

② Right. ask는 3형식에서 '묻다'라는 뜻으로 쓰였죠? 이번에는 '부탁하다, 요청하다, ~을 하라고 말하다'라는 뜻으로 쓰여요.

아, 그럼 '~에게 …해 달라고 요청하다'라는 뜻이네요.

- 묻다 :
주어 + ask + 목적어

- ① 부탁하다 ② 요청[요구]하다
주어 + ask + 목적어 + 목적보어

③ 동사의 뜻은 그 뒤에 오는 말에 따라 달라지기도 해요.

문장의 정확한 뜻을 잘 파악하려면 주변 상황을 잘 보라는 말씀이네요. 그래서 자꾸 문장 안에서 단어 뜻을 찾으라고 하신 거고요.

④ That's right. 단어를 익힐 때도 여러 가지 뜻이 있는 경우는 함께 알아둬야 해요. 첫 번째 문제. '그는 내게 앉으라고 청했다.'를 영어로 표현해 볼까요?

⑤ He asked me sit down.

ask의 목적보어는 어떤 형태가 온다고 했죠?

⑥ 아, to부정사요! 그럼,
He asked me to sit down.

주어 + ask + 목적어 + 목적보어(to부정사)

⑦ 선생님, 만약 asked 대신에 지각동사 saw를 쓰면 to sit down 을 못 쓰는 거죠?

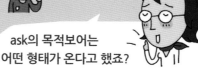

⑧ That's it. 목적보어는 앞의 동사에 따라 달라지니깐 꼭 동사를 먼저 확인하고 모양을 결정해야 해요.

그럼 동사 saw를 쓰면
He saw me sit down.
으로 써야 하는 거군요.

정리 착착 단어 블록의 변화를 보면서 문장 구조를 정리해 보세요.

● **주어 + ask + 목적어 + 목적보어**

ask 뒤에 목적어와 목적보어가 올 때는 '묻다'라는 뜻이 아니라 '부탁한다, 요청[요구]한다'라는 뜻입니다. 동사 ask로 만든 5형식 문장은 두 개의 문장으로 나눌 수 있어요. 예를 들어, '나는 그에게 열심히 공부하라고 부탁한다.'는 '나는 부탁한다'와 '그가 열심히 공부한다'는 두 가지 문장으로 나눌 수 있어요. 여기서 '그가'는 목적어, '열심히 공부한다'는 목적보어가 되는 거예요.

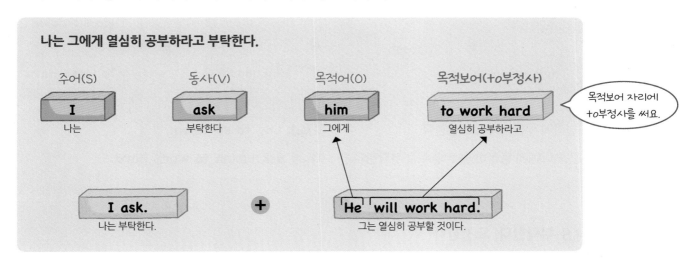

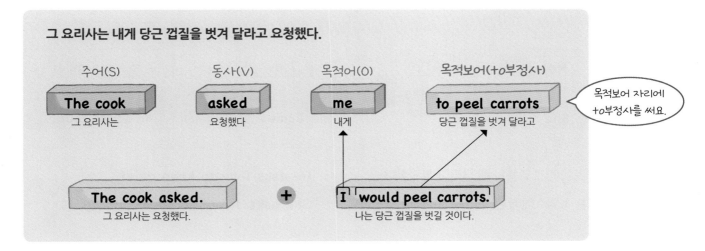

❶ ask 부탁한다, 요청한다

동사 ask 뒤에 목적어와 목적보어가 따라올 때 ask는 '~에게 …하기를 부탁한다, 요청한다'라는 뜻이에요. 목적보어로 쓰이는 to부정사는 '~해 줄 것을, ~하라고'란 뜻으로 해석해요.

나는 릴리에게 **앉으라고** 요청한다.   I **ask** Lily **to sit down.**

그들은 엠마에게 **열심히 공부해 주길** 부탁한다.   They **ask** Emma **to work hard.**

> ❗ work hard는 '열심히 공부하다 [일하다]'라는 뜻이에요.

❷ asks 부탁한다, 요청한다

주어로 He, She, It 또는 단수 명사가 오면 -s를 붙여서 asks를 써요.

그는 토니에게 **조용히 해 달라고** 부탁한다.   He **asks** Tony **to keep quiet.**

그녀는 제임스에게 **큰 소리로 말하라고** 요청한다.   She **asks** James **to speak loudly.**

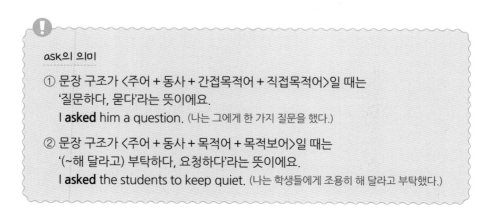

> ❗
> ask의 의미
> ① 문장 구조가 <주어 + 동사 + 간접목적어 + 직접목적어>일 때는 '질문하다, 묻다'라는 뜻이에요.
> I **asked** him a question. (나는 그에게 한 가지 질문을 했다.)
>
> ② 문장 구조가 <주어 + 동사 + 목적어 + 목적보어>일 때는 '(~해 달라고) 부탁하다, 요청하다'라는 뜻이에요.
> I **asked** the students to keep quiet. (나는 학생들에게 조용히 해 달라고 부탁했다.)

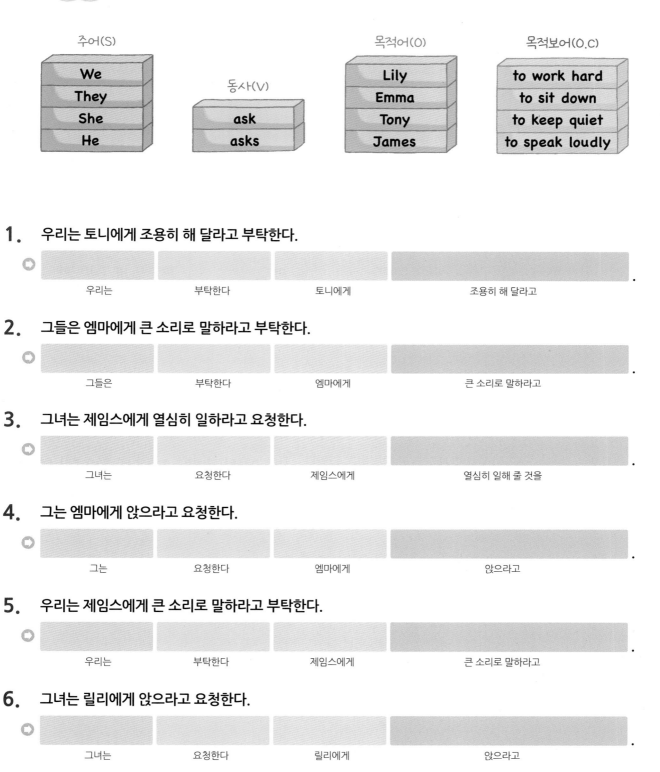

연습 팍팍   각각의 블록을 합체하여 문장을 만들어 보세요.

주어(S)

| We |
| They |
| She |
| He |

동사(V)

| ask |
| asks |

목적어(O)

| Lily |
| Emma |
| Tony |
| James |

목적보어(O.C)

| to work hard |
| to sit down |
| to keep quiet |
| to speak loudly |

1. 우리는 토니에게 조용히 해 달라고 부탁한다.

⟹ [   ] [   ] [   ] [   ] .

　　우리는　　　　부탁한다　　　　토니에게　　　　　　조용히 해 달라고

2. 그들은 엠마에게 큰 소리로 말하라고 부탁한다.

⟹ [   ] [   ] [   ] [   ] .

　　그들은　　　　부탁한다　　　　엠마에게　　　　　큰 소리로 말하라고

3. 그녀는 제임스에게 열심히 일하라고 요청한다.

⟹ [   ] [   ] [   ] [   ] .

　　그녀는　　　　요청한다　　　　제임스에게　　　　열심히 일해 줄 것을

4. 그는 엠마에게 앉으라고 요청한다.

⟹ [   ] [   ] [   ] [   ] .

　　그는　　　　　요청한다　　　　엠마에게　　　　　　앉으라고

5. 우리는 제임스에게 큰 소리로 말하라고 부탁한다.

⟹ [   ] [   ] [   ] [   ] .

　　우리는　　　　부탁한다　　　　제임스에게　　　　큰 소리로 말하라고

6. 그녀는 릴리에게 앉으라고 요청한다.

⟹ [   ] [   ] [   ] [   ] .

　　그녀는　　　　요청한다　　　　릴리에게　　　　　　앉으라고

③ **asked** 부탁[요청]했다 / **didn't ask** 부탁[요청]하지 않았다

ask의 과거형은 -ed를 뒤에 붙여 asked로 써요. '부탁하지 않았다'는 didn't ask로 써요. ask의 목적보어로는 to부정사를 써야 해요.

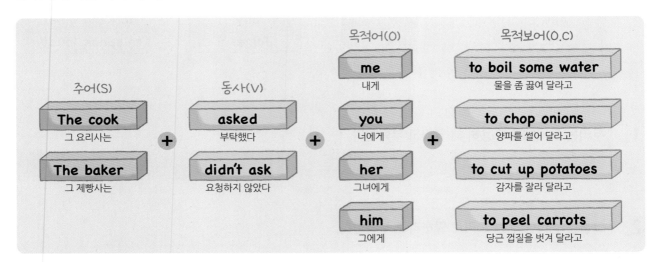

요리사가 나에게 **물을 좀 끓여 달라고** 했다.   The cook **asked** me **to boil some water.**

제빵사가 너에게 **양파를 썰어 달라고** 했어.   The baker **asked** you **to chop onions.**

요리사는 그녀에게 **감자를 잘라 달라고** 요청하지 않았다.   The cook **didn't ask** her **to cut up potatoes.**

제빵사는 그에게 **당근 껍질을 벗겨 달라고** 요청하지 않았다.   The baker **didn't ask** him **to peel carrots.**

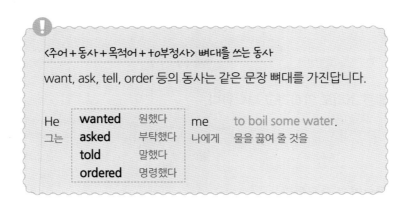

❗ <주어＋동사＋목적어＋to부정사> 뼈대를 쓰는 동사

want, ask, tell, order 등의 동사는 같은 문장 뼈대를 가진답니다.

He 그는	**wanted** 원했다 **asked** 부탁했다 **told** 말했다 **ordered** 명령했다	me 나에게	to boil some water. 물을 끓여 줄 것을

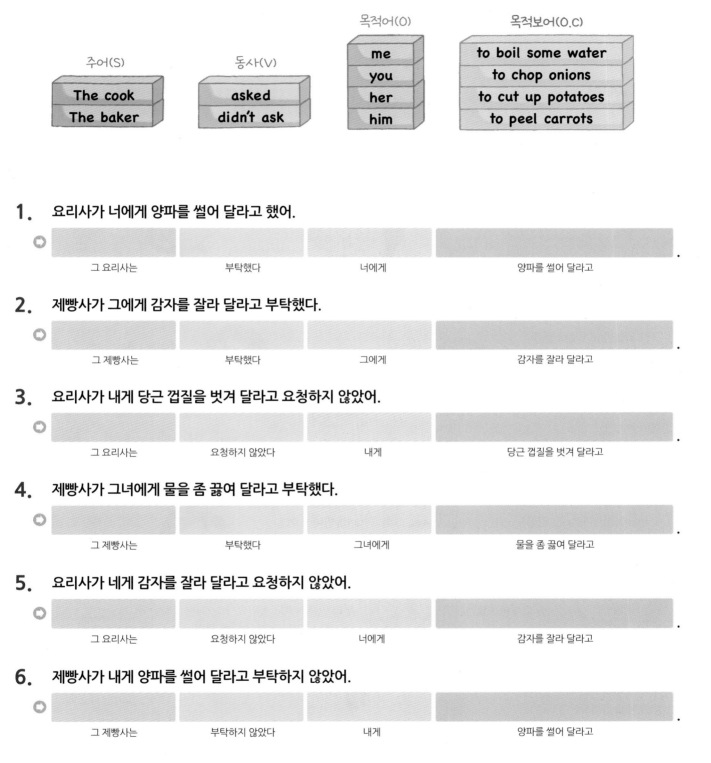

1. 요리사가 너에게 양파를 썰어 달라고 했어.

그 요리사는	부탁했다	너에게	양파를 썰어 달라고

2. 제빵사가 그에게 감자를 잘라 달라고 부탁했다.

그 제빵사는	부탁했다	그에게	감자를 잘라 달라고

3. 요리사가 내게 당근 껍질을 벗겨 달라고 요청하지 않았어.

그 요리사는	요청하지 않았다	내게	당근 껍질을 벗겨 달라고

4. 제빵사가 그녀에게 물을 좀 끓여 달라고 부탁했다.

그 제빵사는	부탁했다	그녀에게	물을 좀 끓여 달라고

5. 요리사가 네게 감자를 잘라 달라고 요청하지 않았어.

그 요리사는	요청하지 않았다	너에게	감자를 잘라 달라고

6. 제빵사가 내게 양파를 썰어 달라고 부탁하지 않았어.

그 제빵사는	부탁하지 않았다	내게	양파를 썰어 달라고

Step 2
문장에 살 붙이기

개념 쏙쏙 부모님이나 선생님, 친구와 역할을 나눠서 읽어 보세요.

① 오늘은 얼마나 자주 하는지 나타내는 부사들로 문장에 살을 붙여 봐요.

어, 그건 예전에 한번 배우지 않았나요? 빈… 무슨 부사라고 했는데…

② 빈도 부사라고 했지요?

맞아요. 빈도 부사! 문장 중간에 쓰는 부사라고 위치를 꼭 외우라고 하셨잖아요?

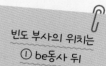

빈도 부사의 위치는
① be동사 뒤
② 조동사 뒤
③ 일반동사 앞

③ 그럼 오늘은 모두 ask 앞에 써 주면 되겠네요.

그렇죠. ask는 일반동사니까 그 앞에 써 주면 돼요.

주어 + 빈도 부사 + ask + 목적어 + 목적보어

④ 빈도 부사에는 어떤 종류가 있었죠?

제가 아는 것은 always(항상), often(종종), never(결코 ~ 않다)예요.

⑤ Great! 오늘은 usually(보통, 대개), sometimes(때때로, 가끔), hardly(좀처럼 ~ 않다)라는 부사를 더 배워 봐요. 이 중에서 부정의 의미를 가진 것은 무엇일까요?

⑥ 부정이라면… '~ 않다'의 의미가 들어간 never, 그리고 hardly인데… 어? hardly는 hard와 같은 단어인가요?

우리 민준이 예리했어요. hardly는 hard를 닮았지만 전혀 다른 뜻이에요.

부정의 빈도 부사
hardly: 좀처럼[거의]
~ 않다
never: 절대로[결코]
~ 않다
cf. hard: 열심히

⑦ 그럼 '그녀는 내게 좀처럼 쓰레기를 내다 버리라고 하지 않는다.'를 표현해 볼까요?

그녀가 우리 엄마였으면 좋겠어요. She asks me to take out the trash. 어… hardly를 빠뜨렸어요.

⑧ 우리 엄마는 hardly 대신에 always를 써야 해요! She hardly asks me to take out the trash.

빈도 부사

어떤 행동을 '항상' 혹은 '가끔' 하는지 나타낼 때 빈도 부사를 사용해요. 빈도 부사는 일반동사 바로 앞에 써요.

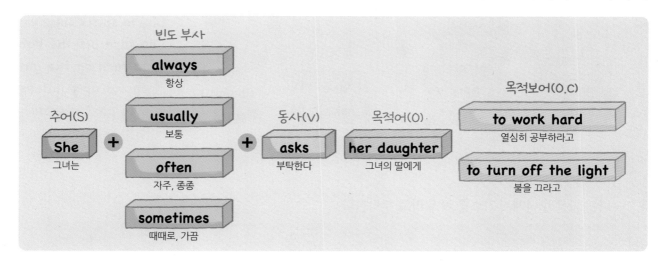

그녀는 **항상** 딸에게 열심히 공부하라고 한다.   She **always** asks her daughter to work hard.

그녀는 **자주** 딸에게 불을 끄라고 한다.   She **often** asks her daughter to turn off the light.

빈도 부사 never, hardly는 부정의 의미가 있기 때문에 동사에 not이 없어도 부정의 문장을 만든답니다.

그는 **좀처럼** 아들에게 조용히 하라고 요청하지 **않는다**.   He **hardly** asks his son to keep quiet.

그는 **절대** 아들에게 장난감들을 치우라고 하지 **않는다**.   He **never** asks his son to put away the toys.

〈동사＋부사〉로 만들어진 구동사(이어동사)

동사와 부사, 2개의 단어가 합쳐져서 원래 동사가 가진 뜻과 상관없이 새로운 뜻으로 쓰이는 표현들이 있어요. 예를 들어, turn은 '돌리다, 뒤집다'라는 뜻인데 on이 함께 쓰이면 '불, 가스 등을 켜다'라는 의미로 쓰여요.

turn on : (불, 전기 등) ~을 켜다   turn off : (불, 전기 등) ~을 끄다   put away : ~을 치우다
put on : (옷, 신발 등) ~을 입다, 신다   take off : (옷, 신발 등) ~을 벗다   take out : ~을 내다버리다
give up : ~을 포기하다   pick up : ~을 집다, 들어올리다   look up : ~을 찾아보다

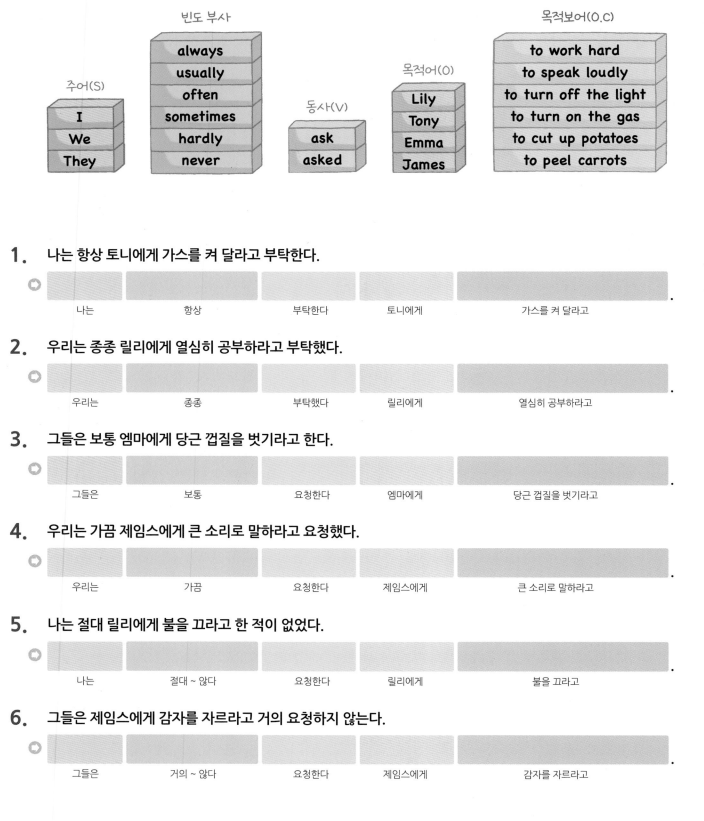

1. 나는 항상 토니에게 가스를 켜 달라고 부탁한다.

나는	항상	부탁한다	토니에게	가스를 켜 달라고

2. 우리는 종종 릴리에게 열심히 공부하라고 부탁했다.

우리는	종종	부탁했다	릴리에게	열심히 공부하라고

3. 그들은 보통 엠마에게 당근 껍질을 벗기라고 한다.

그들은	보통	요청한다	엠마에게	당근 껍질을 벗기라고

4. 우리는 가끔 제임스에게 큰 소리로 말하라고 요청했다.

우리는	가끔	요청한다	제임스에게	큰 소리로 말하라고

5. 나는 절대 릴리에게 불을 끄라고 한 적이 없었다.

나는	절대 ~ 않다	요청한다	릴리에게	불을 끄라고

6. 그들은 제임스에게 감자를 자르라고 거의 요청하지 않는다.

그들은	거의 ~ 않다	요청한다	제임스에게	감자를 자르라고

! 문장의 첫 글자는 대문자로 쓰고, 문장 끝에 마침표를 찍으세요.

1. 그는 자주 아들에게 장난감을 치우라고 한다.

   his son / to put away the toys / asks / often / he

   ○ ....

2. 그녀는 가끔 손자에게 가스를 끄라고 했다.

   she / her grandson / sometimes / to turn off the gas / asked

   ○ ....

3. 그 요리사는 절대 아들에게 감자를 자르라고 하지 않는다.

   never / his son / the cook / to cut up potatoes / asks

   ○ ....

4. 그 제빵사는 항상 딸에게 양파를 썰라고 했다.

   to chop onions / the baker / asked / always / his daughter

   ○ ....

5. 그는 보통 손녀에게 쓰레기를 내다 버리라고 한다.

   asks / his granddaughter / he / usually / to take out the trash

   ○ ....

6. 그녀는 좀처럼 딸에게 물을 좀 끓이라고 하지 않는다.

   hardly / she / to boil some water / her daughter / asks

   ○ ....

Step 3

의문문 만들기

① 의문사 없는 의문문

의문사가 없는 의문문은 Do/Does/Did로 시작해요. 3인칭 단수 주어일 때는 Does를 쓰고, 과거 시제 문장일 때는 Did를 써요. 미래 시제 의문문일 때는 주어 앞에 Will을 써요. 그리고 주어 뒤에 동사는 기본형으로 써요.

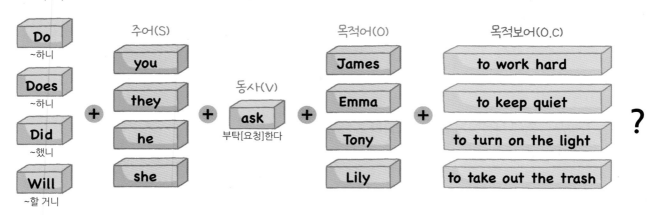

| Do ~하니 / Does ~하니 / Did ~했니 / Will ~할 거니 | + | 주어(S) you / they / he / she | + | 동사(V) ask 부탁[요청]한다 | + | 목적어(O) James / Emma / Tony / Lily | + | 목적보어(O.C) to work hard / to keep quiet / to turn on the light / to take out the trash | ? |

1. 너는 제임스에게 불을 켜 달라고 하니?

   ⇨ _____ _____ _____ _____ _____ ?

   Yes, I do.

2. 그녀는 토니에게 쓰레기를 내다 버리라고 하니?

   ⇨ _____ _____ _____ _____ _____ ?

   Yes, she does.

3. 그가 릴리에게 조용히 해 달라고 했어?

   ⇨ _____ _____ _____ _____ _____ ?

   No, he didn't.

4. 너는 엠마에게 열심히 공부하라고 할 거니?

   ⇨ _____ _____ _____ _____ _____ ?

   No, I won't.

② 의문사 의문문

'누가' 부탁했는지 물어볼 때는 의문사 Who를 써요. 이때 Who는 주어에 해당하기 때문에 Who 다음에 바로 동사가 와요. Who는 단수 주어로 취급해서 그 뒤에 asks와 같이 단수형 동사를 써야 해요. Yes나 No로 대답할 수 없어요.

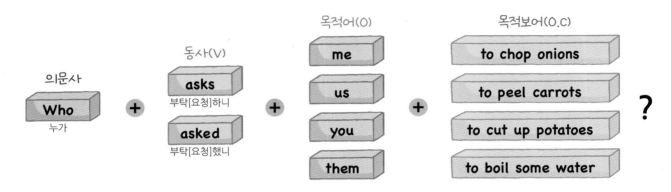

1. 누가 너에게 당근 껍질을 벗기라고 하니?

   ⟹ ☐ ☐ ☐ ☐ ?

   My mom does.

2. 누가 내게 양파를 썰어 달라고 했지?

   ⟹ ☐ ☐ ☐ ☐ ?

   The baker did.

3. 누가 우리에게 감자를 자르라고 하는 거지?

   ⟹ ☐ ☐ ☐ ☐ ?

   The cook does.

4. 누가 그들에게 물을 좀 끓이라고 했니?

   ⟹ ☐ ☐ ☐ ☐ ?

   Their father did.

5. 누가 너에게 양파를 썰라고 했니?

   ⟹ ☐ ☐ ☐ ☐ ?

   My grandma did.

CHALLENGE!

지각동사 tell을 이용하여 문장을 만들어 보세요.
tell의 목적보어로 to부정사를 써요.

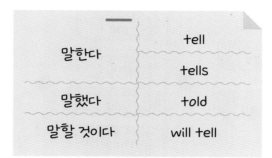

말한다	tell
	tells
말했다	told
말할 것이다	will tell

문장의 뼈대 만들기

1. 그녀는 그녀의 아들에게 불을 켜라고 말했다.

⇨ 　　　　　　　　　　　　　　　　　　　　　　　　　　.

2. 나는 엠마에게 더 많이 먹으라고 말한다.

⇨ 　　　　　　　　　　　　　　　　　　　　　　　　　　.

3. 그들은 토니와 릴리에게 앉으라고 말했다.

⇨ 　　　　　　　　　　　　　　　　　　　　　　　　　　.

4. 그 코치는 제임스에게 열심히 연습하라고 말한다.

⇨ 　　　　　　　　　　　　　　　　　　　　　　　　　　.

5. 그녀는 우리에게 좀 쉬라고 말했다.

⇨ 　　　　　　　　　　　　　　　　　　　　　　　　　　.

6. 그는 그녀에게 기다리라고 말할 것이다.

⇨ 　　　　　　　　　　　　　　　　　　　　　　　　　　.

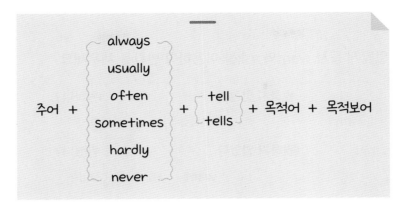

$$\text{주어} + \left\{\begin{array}{l} \text{always} \\ \text{usually} \\ \text{often} \\ \text{sometimes} \\ \text{hardly} \\ \text{never} \end{array}\right\} + \left\{\begin{array}{l} \text{tell} \\ \text{tells} \end{array}\right\} + \text{목적어} + \text{목적보어}$$

문장에 살 붙이기

1. 우리는 종종 그들에게 조용히 하라고 말한다.
➡ ☐ ☐ ☐ ☐ ☐ .

2. 그녀는 항상 그녀의 딸에게 불을 끄라고 말한다.
➡ ☐ ☐ ☐ ☐ ☐ .

3. 그는 절대로 그의 손주들에게 열심히 공부하라고 말하지 않는다.
➡ ☐ ☐ ☐ ☐ ☐ .

4. 그 요리사는 가끔 그의 딸에게 물을 좀 끓이라고 말한다.
➡ ☐ ☐ ☐ ☐ ☐ .

5. 그들은 좀처럼 그들의 손자에게 장난감들을 치우라고 말하지 않는다.
➡ ☐ ☐ ☐ ☐ ☐ .

6. 그녀는 보통 그녀의 아들에게 쓰레기를 내다 버리라고 말한다.
➡ ☐ ☐ ☐ ☐ ☐ .

A. 우리말 뜻에 알맞게 동사 want와 ask를 이용하여 빈칸을 채우세요.

1.

원한다 _____ / wants	원하지 않는다 _____ /doesn't want	원하니? Do/ _____ ~ want?
원했다 _____	원하지 않았다 _____ want	원했니? Did ~ _____ ?
언제 원하니[원했니]? _____ do/does/ did ~ _____ ?	어떻게 원하니[원했니]? _____ do/does/did ~ _____ ?	왜 원하니[원했니]? _____ do/does/did ~ _____ ?

2.

부탁[요청]한다 ask / _____	부탁[요청]하지 않는다 don't/_____ ask	부탁[요청]하니? _____ /Does ~ ask?
부탁[요청]했다 _____	부탁[요청]하지 않았다 _____	부탁[요청]했니? Did ~ _____ ?
부탁[요청]할 것이다 _____ ask	부탁[요청]하지 않을 것이다 _____	누가 부탁[요청]하니? _____ ~?

B. 주어진 단어를 순서대로 배열해 보세요.

> 문장의 첫 글자는 대문자로 쓰고, 문장 끝에 문장 부호를 쓰세요.

3. wants | she | strong | me | to | be

➡ _____

4. you | want | to | we | leave

➡ _____

5. him | onions | chop | asked | the | baker | to

➡ _____

6. keep | often | quiet | to | he | tells | them

➡ _____

C. 주어진 문장을 지시대로 바꾸어 쓰세요.

7. He will ask his son to put away the toys.

   부정문 →

8. The cook didn't ask her to cut up potatoes.

   긍정문 →

9. The player wanted Emma to win the game.

   의문문 →

10. She tells her son to take out the trash.

    부정문 →

D. 주어진 단어들을 이용하여 우리말에 맞게 문장을 완성해 보세요.

11. 우리는 그녀가 좀 쉬기를 원한다. ································· want | some rest

    →

12. 누가 너에게 당근 껍질을 벗기라고 했니? ··············· asked | peel

    →

13. 너는 그에게 열심히 공부하라고 할 거니? ··············· ask | work hard

    →

맞힌 개수 : /13 개

본 학습에 들어가기 전에 다음 단어들을 꼭 기억해 두세요.

명사

- ✔ **film** 영화
- ○ **music** 음악
- ○ **show** 쇼
- ○ **song** 노래
- ○ **news** 뉴스
- ○ **TV** 텔레비전
- ○ **radio** 라디오
- ○ **phone** 전화기, 휴대폰(= cell phone)

- ○ **cold** 감기
- ○ **rain** 비
- ○ **snow** 눈
- ○ **wind** 바람
- ○ **weather** 날씨
- ○ **hero** (남자) 영웅
- ○ **heroine** (여자) 영웅
- ○ **winner** 우승자
- ○ **superstar** 슈퍼스타

사역동사 make

단어 & 문장 듣기

동사

- ○ cry   울다
- ○ stay   머물다
- ○ feel   느끼다, ~한 기분이 들다
- ○ close   닫다, (눈을) 감다
- ○ catch   (감기) 걸리다, 잡다
- ○ laugh   (소리내어) 웃다
- ○ smile   미소 짓다
- ○ think   생각하다

형용사

- ○ happy   행복한
- ○ bored   따분한, 지루한
- ○ angry   화난
- ○ heavy   무거운, 심한
- ○ strong   강한
- ○ famous   유명한
- ○ sleepy   졸리는
- ○ depressed   우울한

문장의 뼈대 만들기

개념 쏙쏙 부모님이나 선생님, 친구와 역할을 나눠서 읽어 보세요.

❶ 선생님, 오늘은 어떤 변덕쟁이 동사를 만나나요?

오늘은 '사역동사'라는 변덕쟁이에요.

❷ 잉? 사역동사는 너무 어려워요. 다시 설명해 주세요.

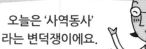
사역동사는 다른 사람에게 시키거나, 부탁하거나, 뭔가 하게 하는 동사를 말해요.

❸ 우리 엄마가 좋아하시는 거네요. 늘 저한테 이거저거 하라고 시키시거든요.

정확해요. 우선 동사 make를 만나 볼까요?

make는 '만들다'라는 뜻이잖아요.

❹ 맞아요. make는 〈주어 + make + 목적어〉의 3형식 문장 뼈대를 갖고 있어요.

❺ 오늘은 make 뒤에 〈목적어 + 목적보어〉를 합체해서 '~을 …하게 만들다'라는 문장을 만들어 볼 거에요.

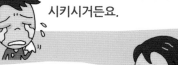
주어 + make + 목적어 + 목적보어

make 뒤에는 어떤 모양의 목적보어가 오나요?

❻ make의 목적보어로 동사원형(원형부정사), 형용사, 명사를 쓸 수 있어요.

1) 동사원형(원형부정사) 목적보어

The film **made** her **cry**.
(그 영화는 그녀를 울게 만들었다.)
동사원형 목적보어는 목적어의 행위를 나타내요.

2) 형용사 목적보어

The film **made** her **famous**.
(그 영화는 그녀를 유명하게 만들었다.)
형용사 목적보어는 목적어의 상태를 나타내요.

3) 명사 목적보어

The film **made** her **a star**.
(그 영화는 그녀를 스타로 만들었다.)
명사 목적보어는 목적어의 신분, 특성을 나타내요. (her = a star)

❼ 헉, make는 더 어려운 동사였네요.

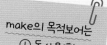
make의 목적보어는
① 동사원형 (원형부정사)
② 형용사
③ 명사

주어 + make + 목적어 + 목적보어

사역동사 make의 목적보어 자리에는 여러 가지 형태가 올 수 있어요. to가 없는 원형부정사 즉, 동사원형이나 형용사, 명사가 목적보어 역할을 한답니다. 이때 make는 '~을 어떠하게 만든다'라고 해석해요.

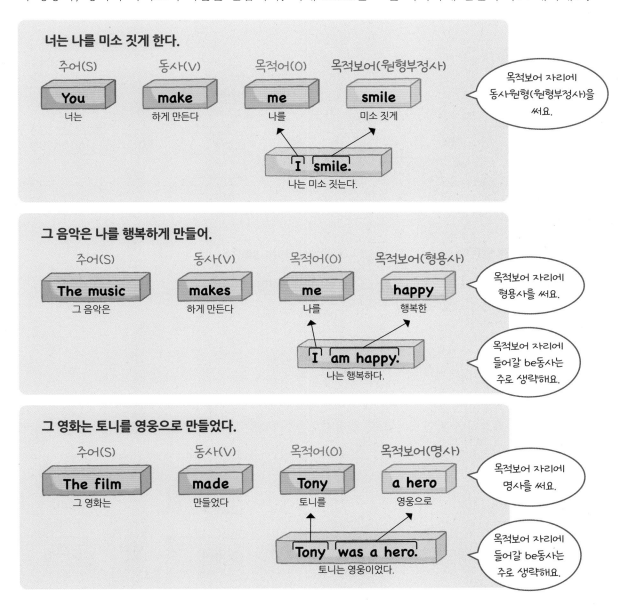

너는 나를 미소 짓게 한다.

주어(S) You 너는 / 동사(V) make 하게 만든다 / 목적어(O) me 나를 / 목적보어(원형부정사) smile 미소 짓게

'I smile.' 나는 미소 짓는다.

목적보어 자리에 동사원형(원형부정사)을 써요.

그 음악은 나를 행복하게 만들어.

주어(S) The music 그 음악은 / 동사(V) makes 하게 만든다 / 목적어(O) me 나를 / 목적보어(형용사) happy 행복한

'I am happy.' 나는 행복하다.

목적보어 자리에 형용사를 써요.

목적보어 자리에 들어갈 be동사는 주로 생략해요.

그 영화는 토니를 영웅으로 만들었다.

주어(S) The film 그 영화는 / 동사(V) made 만들었다 / 목적어(O) Tony 토니를 / 목적보어(명사) a hero 영웅으로

'Tony' 'was a hero.' 토니는 영웅이었다.

목적보어 자리에 명사를 써요.

목적보어 자리에 들어갈 be동사는 주로 생략해요.

동사원형, to부정사, 원형부정사

① 동사원형은 동사의 기본 형태를 말해요.

② to부정사는 동사원형에 to를 붙인 형태예요. 부정사는 '아닐 부(不), 정할 정(定)'을 써서 품사가 정해지지 않은 말이라는 뜻이에요.

③ 원형부정사는 to를 붙이지 않은 부정사로, 결국 동사원형이에요.

1 **make** 하게 만든다

사역동사 make 뒤에 목적어와 목적보어가 따라오면 '~을 …하도록 만든다, 시키다'라는 뜻이에요. 목적어와 목적보어는 의미상으로 〈주어 + 동사〉 관계처럼 보여요. 이때 목적어는 우리말로 '~을'로 해석하는 것이 자연스러워요. 목적보어로 쓰인 원형부정사는 '~하도록, ~하게'라는 뜻으로 해석해요.

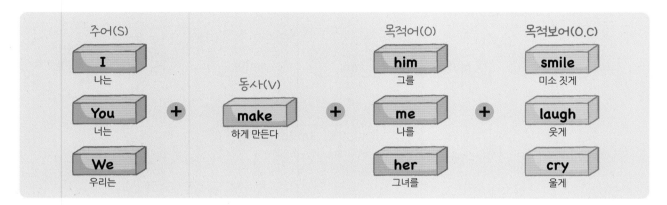

나는 그를 **미소 짓게 만든다.**   I **make** him **smile.**

너는 나를 **웃게 만드는구나.**   You **make** me **laugh.**

2 **makes** 하게 만든다

단수 명사인 사물이 주어로 오고, 목적보어 자리에 형용사가 오는 문장 구조를 익혀 봐요. 목적보어로 쓰인 형용사는 '~하게'로 해석하면 자연스러워요. 우리말로는 '~하게'이지만 목적보어 자리에 부사를 쓰면 안 돼요.

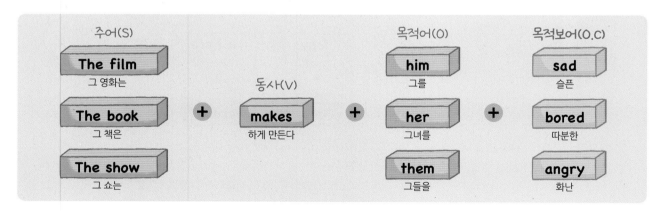

그 영화는 그를 **슬프게 만든다.**   The film **makes** him **sad.**

그 책은 그녀를 **따분하게 만든다.**   The book **makes** her **bored.**

1. 그 음악을 들으면 그들은 슬프다.

그 음악은	하게 만든다	그들을	슬픈

2. 그들은 내가 생각하게 만든다.

그들은	하게 만든다	나를	생각하게

3. 너는 그녀를 미소 짓게 만든다.

너는	하게 만든다	그녀를	미소 짓게

4. 그 책 때문에 그는 졸린다.

그 책은	하게 만든다	그를	졸린

5. 그 쇼는 우리를 웃게 만든다.

그 쇼는	하게 만든다	우리를	웃게

6. 그 영화를 보면 우리는 행복하다.

그 영화는	하게 만든다	우리를	행복한

❸ **made** 하게 만들었다

'~하게 만들었다'라고 과거의 일에 대해 말할 때는 사역동사 make의 과거형 made를 써요. make의 목적보어가 명사일 때는 '~을 …로 만들었다'는 뜻이에요.

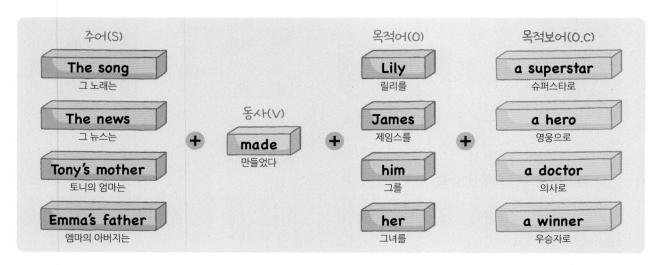

그 노래는 릴리를 **슈퍼스타로 만들었다.**   The song **made** Lily **a superstar.**

그 뉴스는 제임스를 **영웅으로 만들었다.**   The news **made** James **a hero.**

토니의 어머니는 그를 **의사로 만들었다.**   Tony's mother **made** him **a doctor.**

엠마의 아버지는 그녀를 **우승자로 만들었다.**   Emma's father **made** her **a winner.**

> ❗
>
> make가 들어간 다양한 문장을 보고 의미가 어떻게 달라지는지 살펴보세요.
>
> **3형식** Tony **made** a song. (토니는 노래를 한 곡 만들었다.)
> **4형식** Tony **made** Lily a song. (토니는 릴리에게 노래를 한 곡 만들어 주었다.)
> **5형식** The song **made** Lily a superstar. (그 노래는 릴리를 슈퍼스타로 만들었다.)
>
> 목적어 뒤에 명사가 나올 때 해석을 해 봐야 그 명사가 4형식의 직접목적어인지,
> 5형식의 목적보어인지 판단할 수 있어요.

사역동사 make의 목적보어로 원형부정사가 올 때, 원형부정사는 결국 동사이므로 그 뒤에 목적어나 보어, 부사 등을 써 줄 수 있어요.

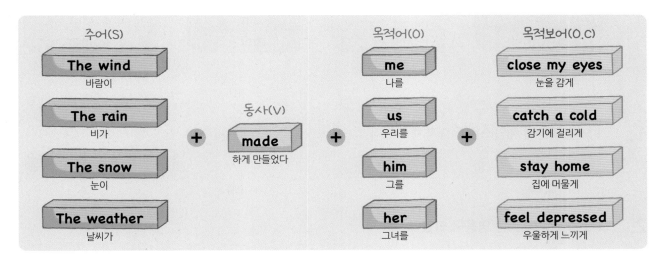

바람 때문에 나는 **눈을 감고 말았다**.

비 때문에 우리는 **감기에 걸렸다**.

눈 때문에 그는 **집에 머물러야 했다**.

날씨 때문에 그녀는 **기분이 우울했다**.

The wind **made** me **close my eyes**.

The rain **made** us **catch a cold**.

The snow **made** him **stay home**.

The weather **made** her **feel depressed**.

make의 주어로 사물이 오면, '목적어가 어떠어떠하게 된 이유'를 나타내기 때문에 해석할 때는 '~ 때문에 ~가 ...하다/ ...해야만 했다'라고 해석하면 자연스러워요.

The snow made her stay home.
- 눈 때문에 그녀는 집에 머물러야 했다.

The weather made me catch a cold.
- 날씨 때문에 나는 감기에 걸렸다.

The music makes me happy.
- 그 음악 때문에 난 행복하다.

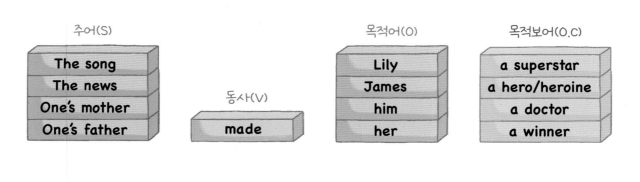

주어(S)
The song
The news
One's mother
One's father

동사(V)
made

목적어(O)
Lily
James
him
her

목적보어(O.C)
a superstar
a hero/heroine
a doctor
a winner

1. 그 노래 덕분에 제임스는 우승자가 되었다.

그 노래는 　　　 만들었다 　　　 제임스를 　　　 우승자로

2. 그 뉴스 덕분에 그는 영웅이 되었다.

그 뉴스는 　　　 만들었다 　　　 그를 　　　 영웅으로

3. 그녀의 어머니는 그녀를 의사로 만들었다.

그녀의 어머니는 　　　 만들었다 　　　 그녀를 　　　 의사로

4. 그 뉴스 덕분에 그녀는 슈퍼스타가 되었다.

그 뉴스는 　　　 만들었다 　　　 그녀를 　　　 슈퍼스타로

5. 그의 아버지는 그를 슈퍼스타로 만들었다.

그의 아버지는 　　　 만들었다 　　　 그를 　　　 슈퍼스타로

6. 그 노래 덕분에 릴리는 영웅이 되었다.

그 노래는 　　　 만들었다 　　　 릴리를 　　　 영웅으로

남자 영웅은 hero,
여자 영웅은 heroine

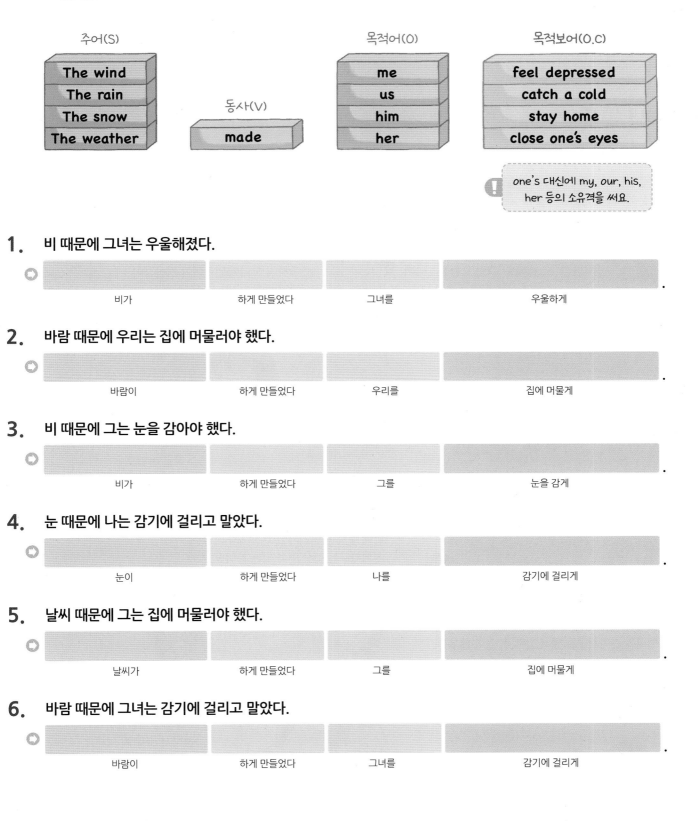

주어(S)

| The wind |
| The rain |
| The snow |
| The weather |

동사(V)

| made |

목적어(O)

| me |
| us |
| him |
| her |

목적보어(O.C)

| feel depressed |
| catch a cold |
| stay home |
| close one's eyes |

one's 대신에 my, our, his, her 등의 소유격을 써요.

1. 비 때문에 그녀는 우울해졌다.

비가	하게 만들었다	그녀를	우울하게

2. 바람 때문에 우리는 집에 머물러야 했다.

바람이	하게 만들었다	우리를	집에 머물게

3. 비 때문에 그는 눈을 감아야 했다.

비가	하게 만들었다	그를	눈을 감게

4. 눈 때문에 나는 감기에 걸리고 말았다.

눈이	하게 만들었다	나를	감기에 걸리게

5. 날씨 때문에 그는 집에 머물러야 했다.

날씨가	하게 만들었다	그를	집에 머물게

6. 바람 때문에 그녀는 감기에 걸리고 말았다.

바람이	하게 만들었다	그녀를	감기에 걸리게

개념 쏙쏙 부모님이나 선생님, 친구와 역할을 나눠서 읽어 보세요.

① 선생님! 우리 계속 부사구 연습만 했는데 오늘은 좀 다른 곳에 살을 붙여 봐요. 살이 골고루 붙어야죠. 헤헤.

그렇네요. 그럼 오늘은 주어에 살을 붙여 볼까요? 명사인 주어에 붙일 수 있는 살은 무엇일까요?

② 형용사죠. 그건 이제 연습을 많이 해 봐서 쉬워요.

5권까지 오니까 민준이가 자신감이 많이 붙었네요! 그럼, '폭우, 폭설'은 어떻게 표현하는지 말해 볼까요? heavy라는 형용사를 써 보세요.

③ 형용사는 명사 앞에 오니깐, the heavy rain, the heavy snow 라고 하면 되지요.

형용사는 명사 앞에서 명사를 꾸며 줘요.

④ 그럼 '나쁜 날씨'는 어떻게 표현할까요?

the bad weather. 정말 쉬워요.

⑤ 이번에는 전치사구를 이용하여 주어를 꾸며 주도록 해 볼까요?

전치사가 들어간 표현은 항상 문장 끝에 왔었잖아요. 그럼 주어를 꾸며 주니까 전치사구를 명사 앞에 써 줘야 해요?

⑥ 아니에요. 명사에 살을 붙일 때 여러 단어가 앞에 붙으면 머리가 너무 무거우니까 전치사구는 항상 명사 뒤에 붙여요.

아하! 그렇구나!!

<전치사+명사>의 전치사구는 명사 바로 뒤에서 앞의 명사를 꾸며 줘요.

⑦ '휴대폰에서 나오는 음악'이란 표현을 말해 볼까요? 전치사 on을 써 보세요.

명사 바로 뒤에서 수식하니깐 the music on the phone.

⑧ 그럼 새의 노래는 어떻게 표현할까요? 전치사 of를 써 보세요.

the song 다음에 of a bird를 붙여 the song of a bird.

정리 착착   단어 블록의 변화를 보면서 문장 구조를 정리해 보세요.

① 형용사

주어에 대해 좀 더 구체적으로 말하고 싶다면 주어로 쓰인 명사 앞에 형용사를 붙여 보세요.

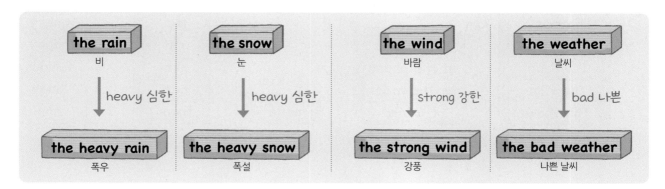

폭우 때문에 나는 감기에 걸렸다.

강풍 때문에 나는 눈을 감고 말았다.

The **heavy** rain made me catch a cold.

The **strong** wind made me close my eyes.

② 형용사구

명사 뒤에 전치사구를 덧붙여 의미를 구체적으로 나타낼 수도 있어요. 이때 전치사구는 명사를 수식하므로 형용사구라고 해요. '~의'라는 의미를 나타낼 때는 전치사 of를 활용하세요.

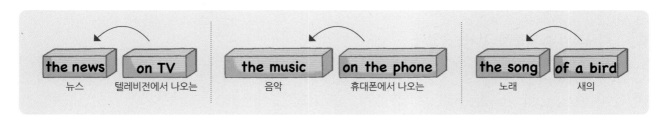

휴대폰의 음악 소리에 나는 졸렸다.

새의 노래 소리에 그는 행복해진다.

The music **on the phone** made me sleepy.

The song **of a bird** makes him happy.

전치사구가 동사를 꾸며 줄 때는
부사구, 명사를 꾸며줄 때는
형용사구가 돼요.

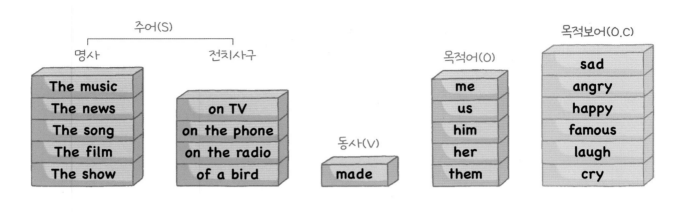

주어(S)

명사 / 전치사구

The music	on TV
The news	on the phone
The song	on the radio
The film	of a bird
The show	

동사(V)

made

목적어(O)

| me |
| us |
| him |
| her |
| them |

목적보어(O.C)

| sad |
| angry |
| happy |
| famous |
| laugh |
| cry |

1. 휴대폰의 음악 때문에 나는 슬퍼졌다.

그 음악이 　　　 휴대폰에서 나오는 　　　 하게 만들었다 　　　 나를 　　　 슬픈

2. 텔레비전 뉴스 때문에 우리는 화가 났다.

그 뉴스가 　　　 텔레비전으로 방영된 　　　 하게 만들었다 　　　 우리를 　　　 화난

3. 새의 노래 소리에 그들은 울었다.

그 노래가 　　　 새 한 마리의 　　　 하게 만들었다 　　　 그들을 　　　 울게

4. 라디오의 쇼 덕분에 그녀는 웃었다.

그 쇼가 　　　 라디오에서 나오는 　　　 하게 만들었다 　　　 그녀를 　　　 웃게

5. TV 영화로 그는 유명해졌다.

그 영화가 　　　 텔레비전으로 방영된 　　　 만들었다 　　　 그를 　　　 유명하게

6. 새의 노래 소리에 우리는 행복해졌다.

그 노래가 　　　 새 한 마리의 　　　 하게 만들었다 　　　 우리를 　　　 행복하게

문장의 첫 글자는 대문자로 쓰고, 문장 끝에 마침표를 찍으세요.

1. 창 밖에 비가 오면 릴리는 운다. [창 밖의 비는 릴리를 울게 만든다.]

outside the window / the rain / makes / cry / Lily

2. 날씨가 좋으면 토니는 행복하다고 느낀다. [좋은 날씨는 토니를 행복하다고 느끼게 만든다.]

Tony / makes / the good weather / feel happy

3. 텔레비전의 쇼 덕분에 엠마는 슈퍼스타가 되었다. [텔레비전의 쇼가 엠마를 슈퍼스타로 만들었다.]

a superstar / Emma / the show / on TV / made

4. 날씨가 추우면 제임스는 졸리다. [추운 날씨가 제임스를 졸리게 만든다.]

makes / sleepy / James / the cold weather

5. 폭설 때문에 그들은 집에 있어야 했다. [폭설이 그들을 집에 머물게 만들었다.]

the heavy snow / them / made / stay home

6. TV 뉴스로 그 남자는 영웅이 되었다. [TV의 그 뉴스는 그 남자를 영웅으로 만들었다.]

the man / on TV / the news / a hero / made

의문문 만들기

① 의문사 없는 의문문

의문사가 없는 의문문은 Do/Does/Did로 시작해요. 주어 뒤에는 동사원형인 make를 써야 해요. 이에 대한 대답은 Yes나 No로 할 수 있어요.

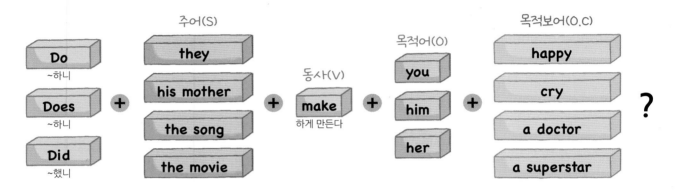

1. 그 노래가 당신을 행복하게 해 주나요?

   ⟹ [　　　] [　　　] [　　　] [　　　] [　　　] ?

   Yes, it does.

2. 그녀가 그 영화 덕분에 슈퍼스타가 된 거야?

   ⟹ [　　　] [　　　] [　　　] [　　　] [　　　] ?

   No, it didn't.

3. 그들이 너를 울게 만드니?

   ⟹ [　　　] [　　　] [　　　] [　　　] [　　　] ?

   No, they don't.

4. 그의 엄마가 그를 의사로 만들었습니까?

   ⟹ [　　　] [　　　] [　　　] [　　　] [　　　] ?

   Yes, she did.

② 의문사 의문문

'누가' 또는 '무엇이' 하게 만들었는지 물을 때 의문사 Who 또는 What을 써요. 이때 의문사 Who와 What은 주어 자리에 오기 때문에 그 다음에 바로 동사가 와요. 의문사는 단수 취급을 하므로 현재 시제 에서는 동사로 makes를 써요.

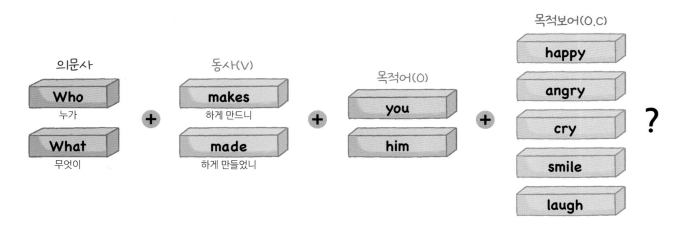

1. 누가 널 화나게 하니?

   ⊙ [＿＿＿＿] [＿＿＿＿] [＿＿＿＿] [＿＿＿＿] ?

   My friend.

2. 뭐가 널 미소 짓게 해 주니?

   ⊙ [＿＿＿＿] [＿＿＿＿] [＿＿＿＿] [＿＿＿＿] ?

   Music.

3. 누가 그를 울렸어?

   ⊙ [＿＿＿＿] [＿＿＿＿] [＿＿＿＿] [＿＿＿＿] ?

   His brother, Sam.

4. 누가 널 행복하게 해 주니?

   ⊙ [＿＿＿＿] [＿＿＿＿] [＿＿＿＿] ?

   My family.

5. 너는 무엇 때문에 웃었니?

   ⊙ [＿＿＿＿] [＿＿＿＿] [＿＿＿＿] [＿＿＿＿] ?

   The movie.

명사

- ✔ candy 사탕
- ○ puppy 강아지
- ○ game 게임
- ○ computer 컴퓨터
- ○ question 질문
- ○ parents 부모
- ○ child 아이(복수형: children)
- ○ friend 친구

재귀대명사

- ○ myself 나 자신
- ○ yourself 너 자신
- ○ himself 그 자신
- ○ herself 그녀 자신
- ○ ourselves 우리 자신
- ○ themselves 그들 자신

부정대명사

- ○ everything 모든 것

여섯 번째 동사

사역동사 **let**

단어 & 문장 듣기

동사

- ask 질문하다
- eat 먹다
- use 사용하다, 쓰다
- take 가지고 가다
- know 알다
- sleep 자다
- watch 지켜보다

- raise 기르다, 키우다
- invite 초대하다
- check out (도서관 등에서) 대출받다
- stay up late 늦게까지 깨어 있다
- introduce 소개하다

부사(구)

- late 늦게
- later 나중에
- right away 즉시, 바로
- this time 이번에는

개념 쏙쏙 부모님이나 선생님, 친구와 역할을 나눠서 읽어 보세요.

지난 시간에 배운 사역동사 ❶
make의 문장 뼈대는 어떤
모양이었나요?

<주어 + make +
목적어 + 목적보어>였지요.

목적보어로는 ❷
어떤 것을 썼나요?

목적보어로
원형부정사와 형용사,
명사를 썼어요.

Good job! 잘 기억하고 있네요. ❸
오늘은 목적보어 자리에 원형부정사만
쓰는 또 다른 사역동사를 배울 거예요.

어이쿠… 이 변덕쟁이 5형식
동사들 때문에 머리 속이 뒤죽박죽
이에요. 또 한 번 정리해 주세요.

동사 종류별로 목적보어를 ❹
익혀 봐요.

동사별 목적보어
1) 지각동사(see, hear, watch) :
   원형부정사(동사원형), 현재분사
2) 일반동사(want, ask, tell): to부정사
3) 사역동사(make, have, let): 원형부정사

오~ 그렇게 정리하니깐 좀 단순해 ❺
지네요. 오늘은 사역동사 let의
목적보어로 원형부정사만!

사역동사는
목적보어로 원형부정사
(동사원형)를 써요.

let도 '시키다'라는 ❻
뜻이에요?

let도 사역동사이지만 시킨다기보다는
'~하게 해 준다, ~하게 두다'라는
허용[허가]의 뜻이 있어요.

사역동사에는 ❼
어떤 것들이 있나요?

우선
make, let, have를
기억해 두세요.

'어떤 부모님들은 그들의 ❽
아이들이 늦잠을 자게 둔다.'를
영어로 표현해 볼까요?

히잉~ 부럽네요.
Some parents let
their children sleep late.

주의할 게 있어요. let은 과거형도 let, ❾
과거분사형도 let을 써요.
현재형만 let, lets로 구분해요.

그럼 let - let - let? cut - cut - cut이랑
같네요. 아주 제 맘에 쏙 드는 동사예요. 하하!

주어 + let + 목적어 + 목적보어

사역동사 let의 목적보어로 동사원형, 즉 원형부정사(to 없는 동사원형)를 써요. 이때 목적보어는 목적어와 관련이 있어요. 즉 목적어가 하는 행동이 목적보어 자리에 와요. 목적어와 목적보어는 〈주어 + 동사〉의 관계처럼 우리말로 '~가 …하게'라고 해석된답니다.

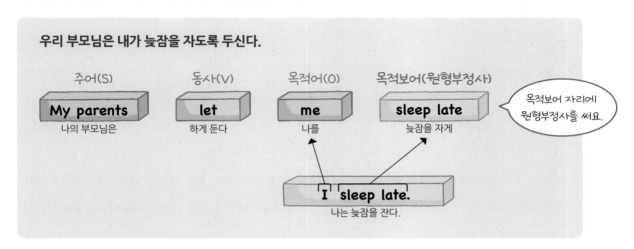

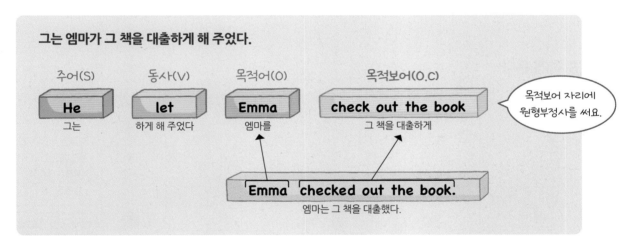

목적보어의 목적어

목적보어로 쓰인 동사원형도 동사의 성격을 가져서 그 뒤에 목적어를 쓸 수 있어요.

┌─── 목적보어 ───┐
I let them **know everything**.
      〈동사 + 목적어〉 (모든 것을 알다)

┌─── 목적보어 ───┐
She let us **invite our friends**.
      〈동사 + 목적어〉 (우리 친구를 초대하다)

❶ let 하게 둔다

사역동사 let은 남에게 '…을 하게 해 주다[허락하다], 하게 둔다'라는 뜻으로 쓰여요. 주어가 I, We, You, They 및 복수 명사일 때는 let을 써요. 사역동사 let 뒤에 오는 목적어는 '~가,' 목적보어로 쓰인 원형부정사는 '~하도록, ~하게'로 해석해요.

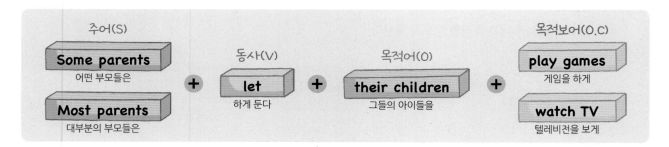

어떤 부모들은 아이들이 **게임을 하게 둔다**.　　Some parents **let** their children **play games**.

대부분의 부모들은 아이들이 **텔레비전을 보게 둔다**.　　Most parents **let** their children **watch TV**.

❷ lets 하게 둔다

주어가 She, He나 단수 명사인 경우 동사로 lets를 써요. 목적어 자리의 인칭대명사는 꼭 목적격으로 써요.

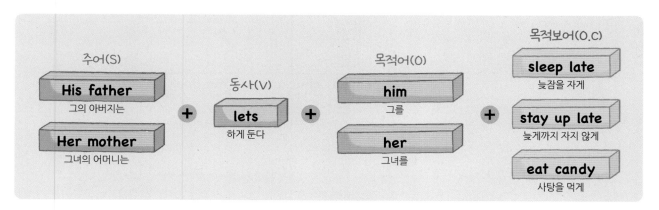

그의 아버지는 그가 **늦잠을 자도록 둔다**.　　His father **lets** him **sleep late**.

그녀의 어머니는 그녀가 **늦게까지 자지 않게 둔다**.　　Her mother **lets** her **stay up late**.

각각의 블록을 합체하여 문장을 만들어 보세요.

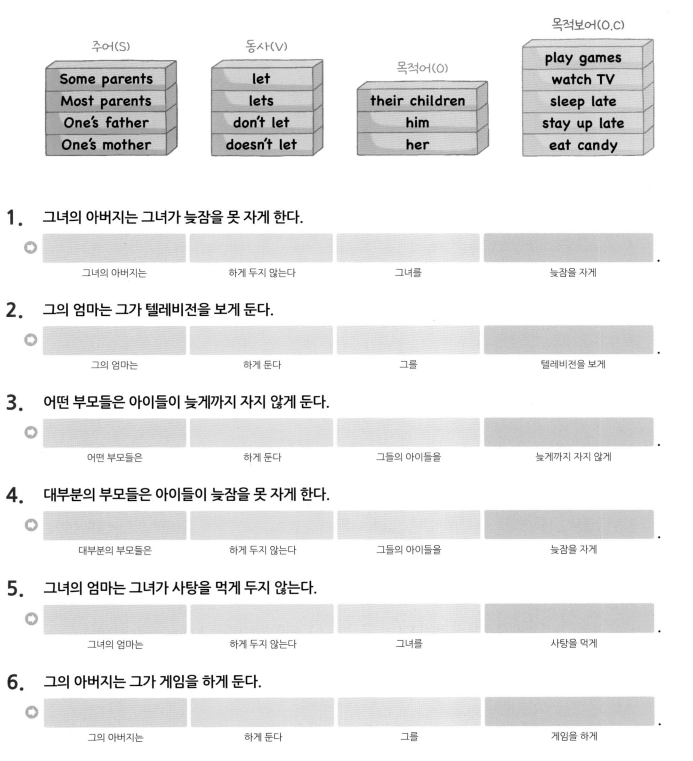

주어(S)
- Some parents
- Most parents
- One's father
- One's mother

동사(V)
- let
- lets
- don't let
- doesn't let

목적어(O)
- their children
- him
- her

목적보어(O.C)
- play games
- watch TV
- sleep late
- stay up late
- eat candy

1. 그녀의 아버지는 그녀가 늦잠을 못 자게 한다.

그녀의 아버지는	하게 두지 않는다	그녀를	늦잠을 자게

2. 그의 엄마는 그가 텔레비전을 보게 둔다.

그의 엄마는	하게 둔다	그를	텔레비전을 보게

3. 어떤 부모들은 아이들이 늦게까지 자지 않게 둔다.

어떤 부모들은	하게 둔다	그들의 아이들을	늦게까지 자지 않게

4. 대부분의 부모들은 아이들이 늦잠을 못 자게 한다.

대부분의 부모들은	하게 두지 않는다	그들의 아이들을	늦잠을 자게

5. 그녀의 엄마는 그녀가 사탕을 먹게 두지 않는다.

그녀의 엄마는	하게 두지 않는다	그녀를	사탕을 먹게

6. 그의 아버지는 그가 게임을 하게 둔다.

그의 아버지는	하게 둔다	그를	게임을 하게

③ let 하게 해 주었다

사역동사 let은 과거형의 모양도 그대로 let이에요. 과거형 let은 '~하게 해 주었다'라는 뜻이에요.

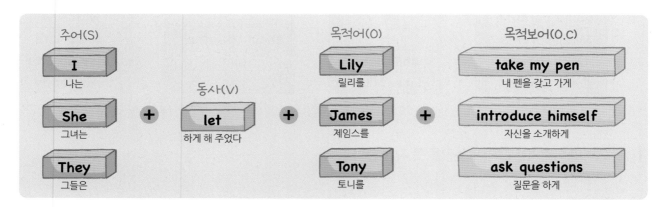

나는 릴리가 **내 펜을 갖고 가게 해 주었다.**　　　I **let** Lily **take my pen.**

그녀는 제임스가 **자신을 소개하게 해 주었다.**　　She **let** James **introduce himself.**

④ will let 하게 해 줄 것이다

'~하게 해 줄 것이다'는 will let을 써요. 목적보어는 목적어의 동작을 설명해요.

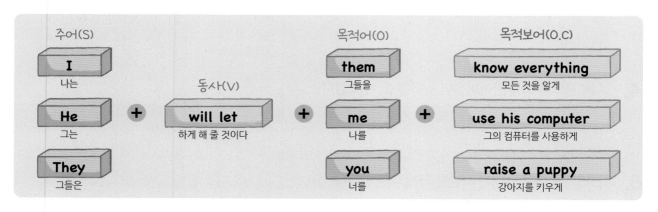

나는 그들이 **모든 것을 알게 해 줄 것이다.**　　　I **will let** them **know everything.**

그는 내가 **그의 컴퓨터 쓰게 해 줄 것이다.**　　He **will let** me **use his computer.**

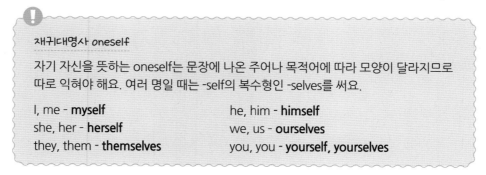

재귀대명사 oneself

자기 자신을 뜻하는 oneself는 문장에 나온 주어나 목적어에 따라 모양이 달라지므로 따로 익혀야 해요. 여러 명일 때는 -self의 복수형인 -selves를 써요.

I, me - **myself**　　　　　　　he, him - **himself**
she, her - **herself**　　　　　we, us - **ourselves**
they, them - **themselves**　　you, you - **yourself, yourselves**

각각의 블록을 합체하여 문장을 만들어 보세요.

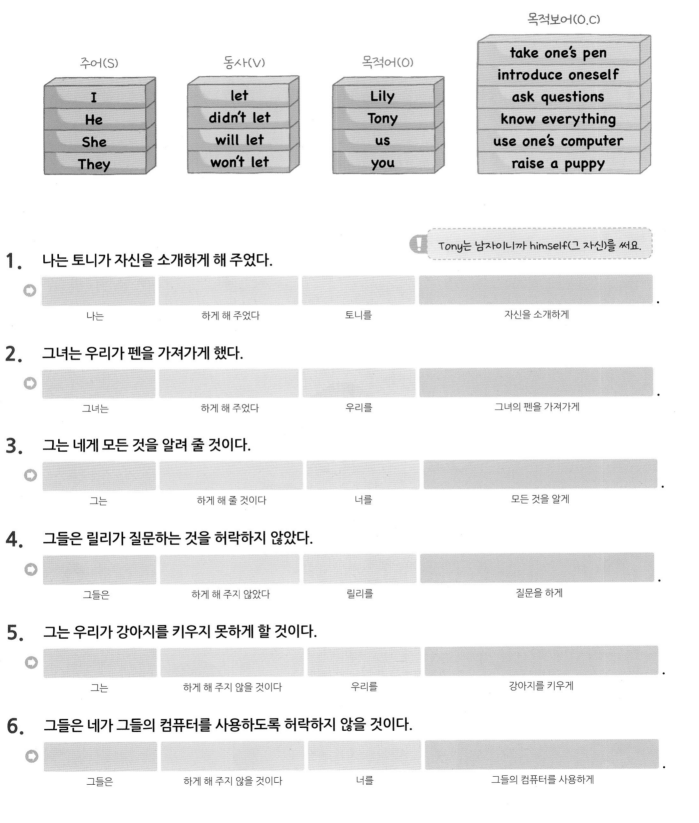

주어(S)
| I |
| He |
| She |
| They |

동사(V)
| let |
| didn't let |
| will let |
| won't let |

목적어(O)
| Lily |
| Tony |
| us |
| you |

목적보어(O.C)
| take one's pen |
| introduce oneself |
| ask questions |
| know everything |
| use one's computer |
| raise a puppy |

Tony는 남자이니까 himself(그 자신)를 써요.

1. 나는 토니가 자신을 소개하게 해 주었다.

나는 / 하게 해 주었다 / 토니를 / 자신을 소개하게

2. 그녀는 우리가 펜을 가져가게 했다.

그녀는 / 하게 해 주었다 / 우리를 / 그녀의 펜을 가져가게

3. 그는 네게 모든 것을 알려 줄 것이다.

그는 / 하게 해 줄 것이다 / 너를 / 모든 것을 알게

4. 그들은 릴리가 질문하는 것을 허락하지 않았다.

그들은 / 하게 해 주지 않았다 / 릴리를 / 질문을 하게

5. 그는 우리가 강아지를 키우지 못하게 할 것이다.

그는 / 하게 해 주지 않을 것이다 / 우리를 / 강아지를 키우게

6. 그들은 네가 그들의 컴퓨터를 사용하도록 허락하지 않을 것이다.

그들은 / 하게 해 주지 않을 것이다 / 너를 / 그들의 컴퓨터를 사용하게

개념 쏙쏙 부모님이나 선생님, 친구와 역할을 나눠서 읽어 보세요.

① 오늘은 '항상,' '가끔' 같은 빈도 부사를 넣어 살을 붙여 볼까요?

② 네! 빈도 부사는 동사 앞에 오니까 let 앞에 쓰면 되죠?

잘 기억하고 있네요!

③
빈도 부사
always 항상
often 자주, 종종
usually 보통, 대개
sometimes 때때로, 가끔
hardly 좀처럼[거의] ~ 않다
never 절대로[결코] ~ 않다

④ '엄마는 가끔 내가 TV를 보게 해 주신다.'를 말해 볼까요?

My mother sometimes let me watch TV.

⑤ 빈도 부사가 들어가니까 동사가 헷갈리죠? My mother는 3인칭 단수니까 동사는…?

아, 맞아요! lets가 되어야 해요!
My mother sometimes lets me watch TV.

⑥ 이번에는 time이 들어가는 부사구 표현을 한번 정리해 볼까요?

every time 매번
all the time 항상
this time 이번에
last time 지난번에
at that time 그 때

⑦ time이 들어가는 부사구는 문장 끝에 쓰죠?

호호. 민준이가 오늘은 척척박사네요! '그는 이번에 우리가 그의 컴퓨터를 쓰게 허락해 줄 거야.'라는 문장을 말해 볼까요?

⑧ this time을 문장 뒤에 써서…
He will let us use his computer this time.

⑨ 몇 가지 표현을 좀 더 배워 볼까요? '나중에'라는 뜻으로는 later, '즉시'라는 뜻으로는 right away를 써요.

later는 late와 다른가요?

⑩ 비슷하게 생겼지만 late는 '늦은, 늦게'라는 뜻이죠.

아하! 비슷하게 생겨 헷갈리는 단어는 잘 익혀 둘게요!

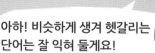

① 시간 부사(구)

문장 끝에 시간을 나타내는 여러 가지 표현을 합체할 수 있어요.

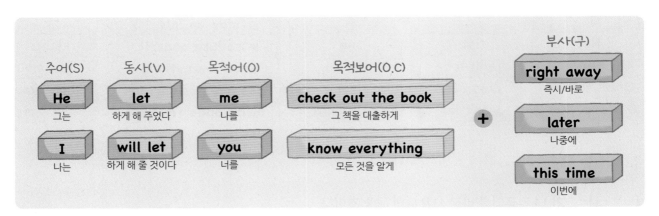

그는 내가 그 책을 **즉시** 대출하게 해 주었다.　　He let me check out the book **right away**.

내가 **나중에** 네게 모든 걸 알려 줄게.　　I will let you know everything **later**.

② 빈도 부사

어떤 행동을 '항상' 혹은 '가끔' 하는지 나타낼 때는 always, sometimes 같은 빈도 부사를 사용해요. 빈도 부사의 위치는 일반동사 바로 앞이에요. never, hardly는 동사에 부정을 나타내는 not이 없어도 부정의 문장을 만든답니다.

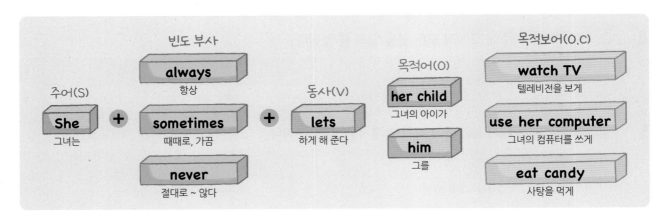

그녀는 **가끔** 아이가 텔레비전을 보게 해 준다.　　She **sometimes** lets her child watch TV.

그녀는 **절대** 그가 컴퓨터를 사용하도록 두지 **않는다**.　　She **never** lets him use her computer.

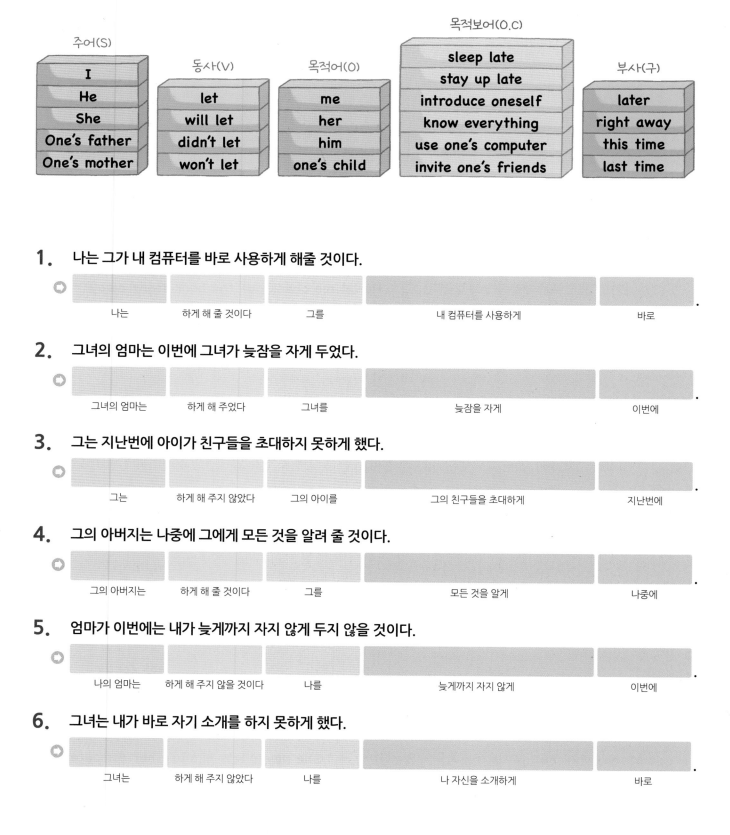

연습팍팍① 각각의 블록을 합체하여 문장을 만들어 보세요.

주어(S)	동사(V)	목적어(O)	목적보어(O.C)	부사(구)
I			sleep late	
He	let	me	stay up late	later
She	will let	her	introduce oneself	right away
One's father	didn't let	him	know everything	this time
One's mother	won't let	one's child	use one's computer	last time
			invite one's friends	

1. 나는 그가 내 컴퓨터를 바로 사용하게 해줄 것이다.

⇨ _____ _____ _____ _____ _____ .

나는　　　　하게 해 줄 것이다　　　그를　　　　내 컴퓨터를 사용하게　　　바로

2. 그녀의 엄마는 이번에 그녀가 늦잠을 자게 두었다.

⇨ _____ _____ _____ _____ _____ .

그녀의 엄마는　　하게 해 주었다　　　그녀를　　　　늦잠을 자게　　　　이번에

3. 그는 지난번에 아이가 친구들을 초대하지 못하게 했다.

⇨ _____ _____ _____ _____ _____ .

그는　　　하게 해 주지 않았다　　그의 아이를　　그의 친구들을 초대하게　　지난번에

4. 그의 아버지는 나중에 그에게 모든 것을 알려 줄 것이다.

⇨ _____ _____ _____ _____ _____ .

그의 아버지는　　하게 해 줄 것이다　　그를　　　모든 것을 알게　　　나중에

5. 엄마가 이번에는 내가 늦게까지 자지 않게 두지 않을 것이다.

⇨ _____ _____ _____ _____ _____ .

나의 엄마는　　하게 해 주지 않을 것이다　　나를　　늦게까지 자지 않게　　이번에

6. 그녀는 내가 바로 자기 소개를 하지 못하게 했다.

⇨ _____ _____ _____ _____ _____ .

그녀는　　하게 해 주지 않았다　　나를　　나 자신을 소개하게　　바로

문장의 첫 글자는 대문자로 쓰고, 문장 끝에 마침표를 찍으세요.

1. 그녀의 어머니는 종종 그녀가 늦잠을 자도록 둔다.

sleep late / her / her mother / lets / often

⟶ ....

2. 대부분의 부모님은 항상 자녀들이 친구들을 초대하게 해 준다.

their children / invite their friends / let / always / most parents

⟶ ....

3. 그는 좀처럼 엠마가 그의 컴퓨터를 사용하게 두지 않는다.

hardly / Emma / he / use his computer / lets

⟶ ....

4. 그의 아버지는 보통 그가 TV를 보게 둔다.

lets / him / his father / usually / watch TV

⟶ ....

5. 나는 때때로 그들에게 모든 것을 알려 준다.

sometimes / I / know everything / let / them

⟶ ....

6. 그녀는 절대 아이가 사탕을 먹게 하지 않는다.

her child / never / eat candy / lets / she

⟶ ....

변신 문장 만들기

정리착착 단어 블록의 변화를 보면서 문장 구조를 정리해 보세요.

● 명령문 만들기

주어 you를 생략하고 사역동사 Let으로 시작하는 명령문을 만들 수 있어요. Let으로 시작하는 명령문은
'~할게, ~하게 시키자, ~하자'라는 뜻으로 해석합니다.

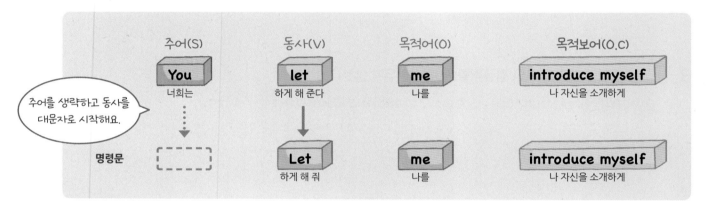

저를 소개**할게요.**   **Let** me introduce myself.

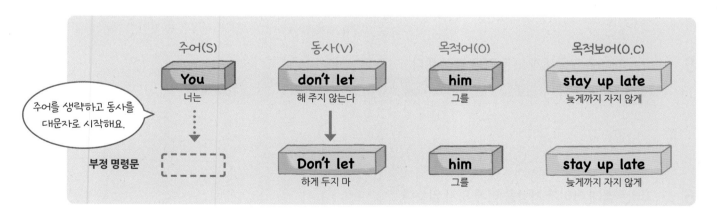

그가 늦게까지 자지 않게 **두지 마.**   **Don't let** him stay up late.

1. 내게 즉시 모든 것을 알려 줘.

하게 해 줘	나를	모든 것을 알게	right away 즉시

.

2. 그들에게 친구들을 초대하도록 해 줘요.

하게 해 줘	그들을	그들의 친구들을 초대하게

.

3. 이번에 그들에게 자기 소개를 하게 해 줘.

하게 해 줘	그들을	자신들을 소개하게	이번에

.

4. 우리, TV를 보자.

하게 해 줘	우리를	텔레비전을 보게

.

> Let us ~는 줄여서 Let's로 많이 쓰고 '~하자'라는 제안의 의미를 나타내요.

5. 그녀가 늦잠 자게 두지 마.

하게 두지 마	그녀를	늦잠 자게

.

6. 그가 나중에 내 컴퓨터를 쓰게 하지 마.

하게 두지 마	그를	내 컴퓨터를 사용하게	나중에

.

7. 그들이 게임을 하게 두지 마.

하게 두지 마	그들을	게임을 하게

.

8. 파티에 우리 친구들을 초대하자.

하게 해 줘	우리를	우리 친구들을 초대하게	to the party 파티에

.

의문문 만들기

① 의문사 없는 의문문

의문사가 없는 의문문은 Do/Does/Did로 시작해요. 3인칭 단수 주어일 때는 Does를 쓰고, 과거 시제 문장일 때는 Did를 써요. 미래 시제일 때는 주어 앞에 Will을 써 주세요. 주어 뒤에는 동사원형 형태로 써요.

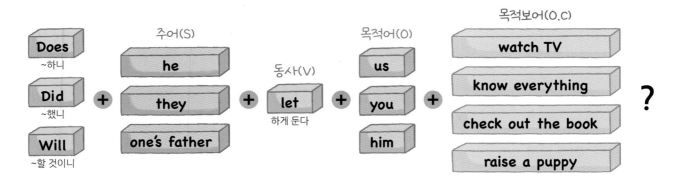

1. 그는 우리가 그 책을 대출하게 해 줄까?

➡ _____ ?

> Yes, he will.

2. 네 아버지는 네가 텔레비전을 보게 해 주시니?

➡ _____ ?

> No, he doesn't.

3. 그들이 그에게 모든 것을 알려 줬어?

➡ _____ ?

> Yes, they did.

4. 네 아버지는 네가 강아지를 키우도록 허락하셨니?

➡ _____ ?

> No, he didn't.

② 의문사 의문문

'누가' 하게 해 주었는지 물어볼 때는 의문사 Who를 써요. 이때 Who는 주어에 해당하기 때문에 그 뒤에 바로 동사가 와요.

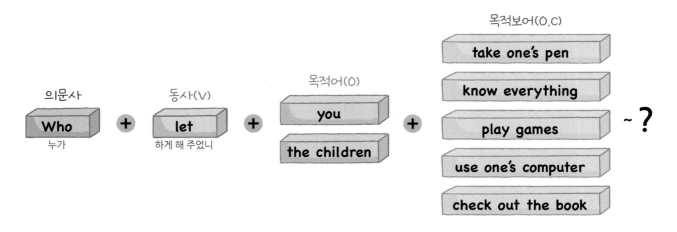

1. 누가 너에게 내 펜을 가져가게 했니?
   ➡ 　　　　　　　　　　　　　　　　　　　　　　　　　　　　　　　?

   > Lily did.

2. 누가 아이들에게 내 컴퓨터를 사용하도록 해 주었니?
   ➡ 　　　　　　　　　　　　　　　　　　　　　　　　　　　　　　　?

   > He did.

3. 누가 너에게 그 책을 대출하게 하락했니?
   ➡ 　　　　　　　　　　　　　　　　　　　　　　　　　　　　　　　?

   > The librarian.

4. 누가 너에게 나에 관한 모든 것을 다 알려 주었니?
   ➡ 　　　　　　　　　　　　　　　　　　　　　　　　about me ?

   > Your sister.

5. 누가 아이들에게 여기에서 게임을 하게 해 주었나요?
   ➡ 　　　　　　　　　　　　　　　　　　　　　　　　here ?

   > The man over there.

A. 우리말 뜻에 알맞게 동사 make와 let을 이용하여 빈칸을 채우세요.

1.

하게 만든다	하게 만들지 않는다	하게 만드니?
_____ / makes	_____ /doesn't make	Do/ _____ ~ make?
하게 만들었다	하게 만들지 않았다	하게 만들었니?
_____	_____ make	Did ~ _____ ?
하게 만들 것이다	하게 만들지 않을 것이다	누가 만드니?
will _____	_____	_____ …?

2.

하게 둔다	하게 해 주었다	하게 해 주니?
let / _____	don't/ _____ let	_____ /Does ~ let?
하게 해 주었다	하게 해 주지 않았다	하게 해 주었니?
_____	_____	Did ~ _____ ?
하게 해 줄 것이다	하게 해 주지 않을 것이다	누가 ~하게 해 주니?
_____ let	_____	_____ …?

B. 주어진 단어를 순서대로 배열해 보세요.

> 문장의 첫 글자는 대문자로 쓰고,
> 문장 끝에 문장 부호를 쓰세요.

3. smile | me | you | make

4. you | who | happy | makes

5. play | his | games | father | lets | him | never

6. lets | her | late | children | sleep | she

C. 주어진 문장을 지시대로 바꾸어 쓰세요.

7. The heavy snow made them stay home.

   의문문 →

8. The song made James a superstar.

   부정문 →

9. Did she let her child invite her friends?

   평서문 →

10. You don't let him use my computer.

    명령문 →

D. 주어진 단어들을 이용하여 우리말에 맞게 문장을 완성해 보세요.

11. 누가 널 울렸니? ·· cry

    →

12. 내게 즉시 모든 것을 알려 줘. ····················· let │ right away

    →

13. 누가 너에게 그 책을 대출하게 허락했니? ············· let │ check out

    →

맞힌 개수 :

/13 개

재료 준비하기 본 학습에 들어가기 전에 다음 단어들을 꼭 기억해 두세요.

명사

- ✔ **arm** 팔
- ○ **leg** 다리
- ○ **hair** 머리, 머리카락
- ○ **nail** 손톱
- ○ **tooth** 치아(복수형: teeth)
- ○ **model** 모델
- ○ **actress** 여배우
- ○ **bike** 자전거

- ○ **shirt** 셔츠
- ○ **pants** 바지
- ○ **purse** (여성용) 지갑
- ○ **wallet** (남성용) 지갑

부사(구)

- ○ **once** 한 번
- ○ **twice** 두 번
- ○ **the day after tomorrow** 모레, 내일모레
- ○ **the day before yesterday** 그저께

사역동사 have

단어 & 문장 듣기

동사

- 동사원형 - 과거분사 -

- ○ cut 자르다 - cut 잘린
- ○ do 하다 - done 손질된, 다된
- ○ steal 훔치다 - stolen 도난당한
- ○ break 부러뜨리다 - broken 부러진
- ○ iron 다림질하다 - ironed 다림질한
- ○ scale 스케일링하다 - scaled 스케일링된
- ○ wash 씻다 - washed 씻겨진, 세차된

- ○ repair 수리하다 - repaired 수리된
- ○ wrap 포장하다 - wrapped 포장된
- ○ examine 검사하다 - examined 검사받은
- ○ shorten 길이를 줄이다
      - shortened 길이를 줄인
- ○ dry-clean 드라이클리닝하다
      - dry-cleaned 드라이클리닝된

Step1
문장의 뼈대 만들기

①
오늘은 사역동사 have를 익힐 거예요.

오? have가 사역동사로도 쓰여요?

②
그럼요. 오늘 배우는 5형식 문장 뼈대에 쓰이면 '(남에게 시켜서) ~하다,' 또는 '(무엇이 어떻게 되는 것을) 당하다'라는 뜻의 사역동사가 돼요.

주어 + have + 목적어
1) ~을 가지고 있다
2) ~을 먹다[마시다]

주어 + have + 목적어 + 목적보어
1) (남에게 시켜서) ~하다
2) (무엇이 어떻게 되는 것을) 당하다

③
첫 번째 문제! '나는 머리를 자른다[깎는다].'를 표현해 볼까요?

I cut my hair. 어, 근데 이건 내가 내 머리를 깎는다는 뜻인데…?

④
바로 이럴 때 사역동사를 쓰는 거예요.

아, 그럼
I have my hair cut.

⑤
이 문장에서 cut은 동사 cut의 과거분사형이에요.

cut의 동사변화:
현재 ─ 과거 ─ 과거분사
cut ─ cut ─ cut

⑥
wash를 써서 하나 더 표현해 봐요. '그는 자동차를 세차한다.' 직접 하는 게 아니라 세차장에 가서 세차 받는 상황이에요.

남에게 시키는 거니까 have를 쓰는데… He has his car wash.라고 하면 되나요?

⑦
우리가 앞에서 배울 때 목적어와 목적보어 관계는 마치 <주어 + 동사> 관계와 같다고 했죠?

아, 맞다! 그럼 his car가 wash 한다는 게 좀 이상하네요.

⑧
그래서 이럴 때 쓰이는 게 과거분사예요. wash는 규칙 변화를 하기 때문에 wash - washed - washed로 변화해요.

목적어가 동작을 당할 때는 목적보어로 과거분사를 써 줘요.

He has his car washed.

주어 + have + 목적어 + 목적보어

5형식 문장의 have는 사역동사로서, '(남에게) ~하게 한다, ~하도록 시킨다.' 또는 '(무엇이 어떻게 되는 것을) 당하다'라는 뜻이에요. 이때 목적보어 자리에는 과거분사가 쓰일 때가 많아요. 〈주어 + 동사〉와 〈목적어 + 목적보어〉를 나누어 보면 쉽게 이해할 수 있어요.

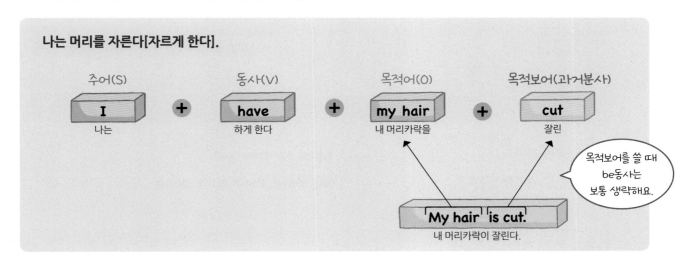

나는 머리를 자른다[자르게 한다].

주어(S)		동사(V)		목적어(O)		목적보어(과거분사)
I 나는	+	**have** 하게 한다	+	**my hair** 내 머리카락을	+	**cut** 잘린

목적보어를 쓸 때 be동사는 보통 생략해요.

My hair is cut.
내 머리카락이 잘린다.

어떤 경우에 목적보어 자리에 과거분사를 쓸까요? 위에서 본 것처럼 cut은 과거분사예요. 과거분사는 수동의 의미, 즉 '행위를 당한다'는 의미가 담겨 있어요. 예를 들어, 미장원에 가서 머리를 자르면 '내가' 직접 머리를 자르는 게 아니죠? 미용사나 이발사가 내 머리를 잘라 주잖아요. 바로 이때 사역동사 have의 문장을 활용할 수 있어요.

- **I cut my hair.** (내가 직접 내 머리를 자르는 상황) : cut이 동사
- **I have my hair cut.** (다른 이가 내 머리를 자르는 상황) : cut이 목적보어

다른 예를 들어 볼게요. 자전거를 도둑 맞았을 때 훔친 사람은 따로 있으니 자전거는 '도난을 당한' 거죠? 이렇듯 도난을 당했을 때도 '(무엇이 어떻게 되는 것을) 당하다'라는 뜻의 have를 써서 표현할 수 있어요. 이때도 〈주어 + have + 목적어 + 목적보어(과거분사)〉의 뼈대를 써 준답니다.

- **He stole a bike.** 그가 자전거를 훔쳤다. (그가 자전거를 훔친 상황) : stole이 동사
- **He had his bike stolen.** 그는 자전거를 도난당했다. (다른 이가 자전거를 훔친 상황) : stolen이 목적보어

1 have 하게 한다[시킨다]

주어가 I, We, You, They 및 복수 명사일 때는 사역동사 have를 써요. 내가 직접 하지 않고 남을 시켜서
'~하게 한다'고 할 때는 목적보어로 수동의 의미를 가진 과거분사를 써요.

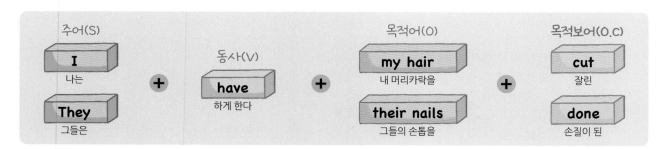

나는 머리를 **자른다**.　　　　　　　　　　I **have** my hair **cut**.

그들은 손톱 **관리를 받는다**.　　　　　　　They **have** their nails **done**.

2 has 하게 한다[시킨다]

주어가 She, He나 단수 명사인 경우 동사로 사역동사 has를 써요.

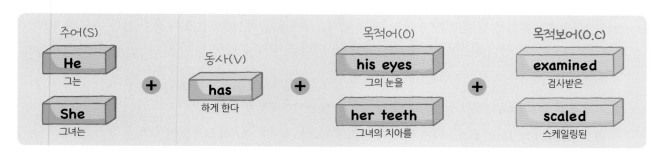

그는 눈 **검사를 받는다[진찰을 받는다]**.　　He **has** his eyes **examined**.

그녀는 치아 **스케일링을 받는다**.　　　　　She **has** her teeth **scaled**.

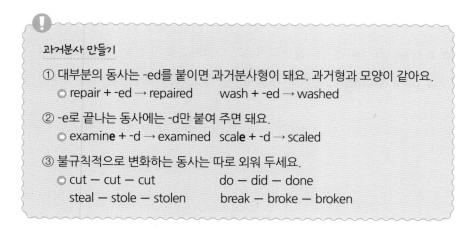

과거분사 만들기

① 대부분의 동사는 -ed를 붙이면 과거분사형이 돼요. 과거형과 모양이 같아요.
　◦ repair + -ed → repaired　　wash + -ed → washed

② -e로 끝나는 동사에는 -d만 붙여 주면 돼요.
　◦ examine + -d → examined　scale + -d → scaled

③ 불규칙적으로 변화하는 동사는 따로 외워 두세요.
　◦ cut — cut — cut　　　　　do — did — done
　　steal — stole — stolen　　break — broke — broken

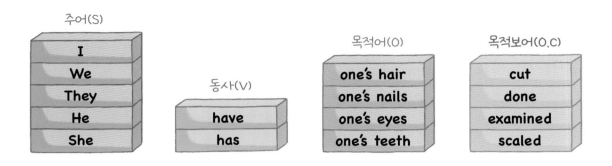

주어(S)

I
We
They
He
She

동사(V)

have
has

목적어(O)

one's hair
one's nails
one's eyes
one's teeth

목적보어(O.C)

cut
done
examined
scaled

1. 나는 머리 손질을 받는다[나는 머리를 했다].

나는 　　　　　하게 한다 　　　　　나의 머리카락을 　　　　　손질된

2. 그들은 치아 검사를 받는다.

그들은 　　　　　하게 한다 　　　　　그들의 치아를 　　　　　검사받은

3. 그는 치아를 스케일링 받는다.

그는 　　　　　하게 한다 　　　　　그의 치아를 　　　　　스케일링된

4. 그녀는 머리를 자른다.

그녀는 　　　　　하게 한다 　　　　　그녀의 머리카락을 　　　　　잘린

5. 우리는 눈 검사를 받는다.

우리는 　　　　　하게 한다 　　　　　우리의 눈을 　　　　　검사받은

6. 그녀는 손톱을 자른다.

그녀는 　　　　　하게 한다 　　　　　그녀의 손톱을 　　　　　잘린

③ had 하게 했다, 당했다

'~하게 했다' 혹은 '~을 당했다'라고 할 때는 과거형 had를 써요. 다른 사람을 시켜서 할 때는 목적보어로 과거분사를 써야 해요.

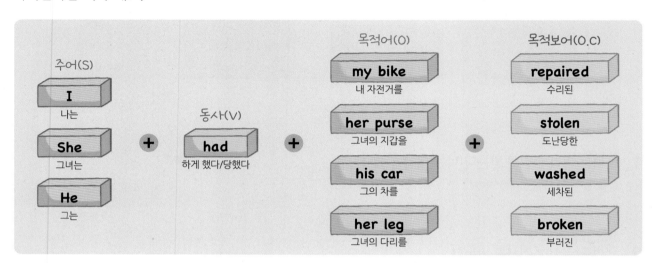

나는 자전거를 **수리했다**.

그녀는 지갑을 **도난당했다**.

그는 차를 **세차했다**.

그녀는 다리가 **부러졌다**.

I **had** my bike **repaired**.

She **had** her purse **stolen**.

He **had** his car **washed**.

She **had** her leg **broken**.

> ❗ 수리한 사람은 내가 아닌 다른 사람이라는 것을 알 수 있어요. 즉, 내가 다른 사람을 시켜서 자전거를 수리하게 한 거죠.

> ❗ 사역동사가 쓰인 문장에서는 목적어와 목적보어의 관계를 잘 알아 두어야 해요.
>
> '자전거가 수리되도록 했다'는 것은, 목적어가 **수리를 받는** 수동적인 입장이니까 목적보어 자리에 **과거분사**를 써야 해요.
>
> ○ She had [her bike] repaired. 그녀는 자전거가 수리되게 했다.
>
> '자전거를 그 남자가 수리하도록 했다'는 것은, 목적어가 **수리를 하는** 능동적인 행동을 하는 거니까 목적보어 자리에 **동사원형**을 써야 해요.
>
> ○ She had [the man] repair her bike. 그녀는 그 남자가 그녀의 자전거를 수리하게 했다.

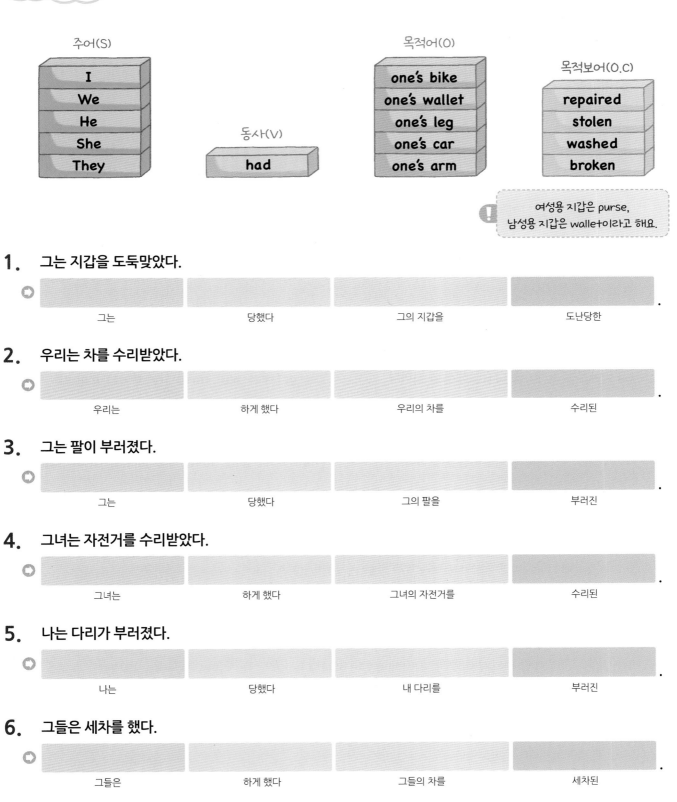

연습 팍팍   각각의 블록을 합체하여 문장을 만들어 보세요.

주어(S)

I
We
He
She
They

동사(V)

had

목적어(O)

one's bike
one's wallet
one's leg
one's car
one's arm

목적보어(O.C)

repaired
stolen
washed
broken

> 여성용 지갑은 purse,
> 남성용 지갑은 wallet이라고 해요.

1. 그는 지갑을 도둑맞았다.

⟹ _____ _____ _____ _____ .

   그는   당했다   그의 지갑을   도난당한

2. 우리는 차를 수리받았다.

⟹ _____ _____ _____ _____ .

   우리는   하게 했다   우리의 차를   수리된

3. 그는 팔이 부러졌다.

⟹ _____ _____ _____ _____ .

   그는   당했다   그의 팔을   부러진

4. 그녀는 자전거를 수리받았다.

⟹ _____ _____ _____ _____ .

   그녀는   하게 했다   그녀의 자전거를   수리된

5. 나는 다리가 부러졌다.

⟹ _____ _____ _____ _____ .

   나는   당했다   내 다리를   부러진

6. 그들은 세차를 했다.

⟹ _____ _____ _____ _____ .

   그들은   하게 했다   그들의 차를   세차된

④ will have 하게 할 것이다

남에게 시켜 '~하게 할 것이다'라는 의미는 will have를 써요. 목적어로 쓰인 대상에 대해 다른 사람을 시켜서 뭔가를 할 때 목적보어로 과거분사를 써 줘야 해요.

그 여배우는 드레스를 **다림질하게 할 것이다**.	The actress **will have** the dress **ironed**.
그 모델은 셔츠를 **포장하게 할 것이다**.	The model **will have** the shirt **wrapped**.
그 여배우는 바지 **길이를 줄일 것이다**.	The actress **will have** the pants **shortened**.
그 모델은 재킷을 **드라이클리닝할 것이다**.	The model **will have** the jacket **dry-cleaned**.

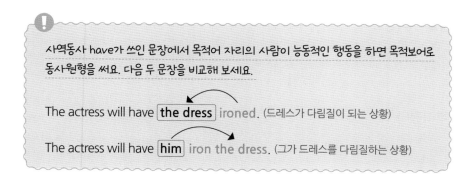

사역동사 have가 쓰인 문장에서 목적어 자리의 사람이 능동적인 행동을 하면 목적보어로 동사원형을 써요. 다음 두 문장을 비교해 보세요.

The actress will have the dress ironed. (드레스가 다림질이 되는 상황)

The actress will have him iron the dress. (그가 드레스를 다림질하는 상황)

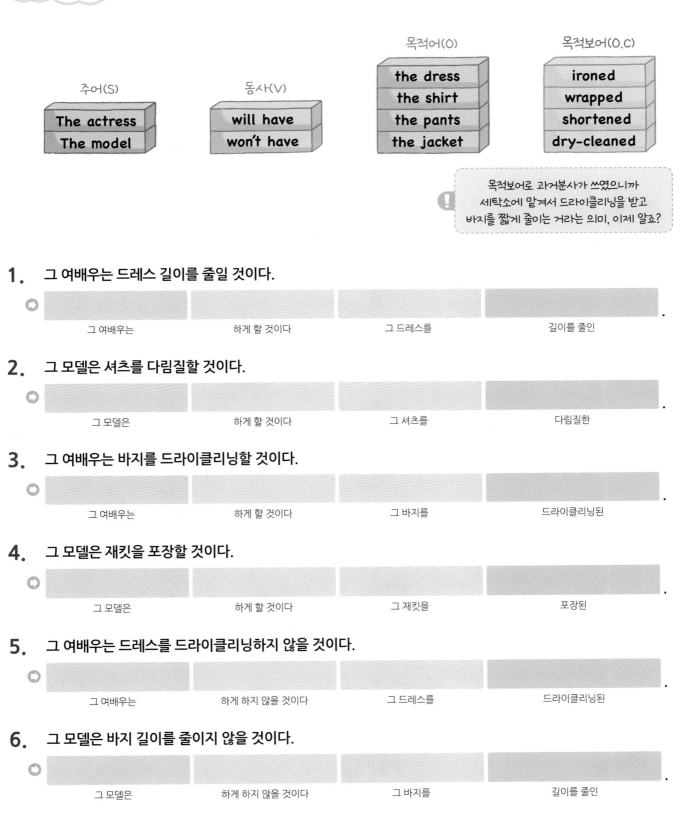

연습팍팍 각각의 블록을 합체하여 문장을 만들어 보세요.

주어(S)

The actress
The model

동사(V)

will have
won't have

목적어(O)

the dress
the shirt
the pants
the jacket

목적보어(O.C)

ironed
wrapped
shortened
dry-cleaned

목적보어로 과거분사가 쓰였으니까 세탁소에 맡겨서 드라이클리닝을 받고 바지를 짧게 줄이는 거라는 의미, 이제 알죠?

1. 그 여배우는 드레스 길이를 줄일 것이다.

그 여배우는	하게 할 것이다	그 드레스를	길이를 줄인

2. 그 모델은 셔츠를 다림질할 것이다.

그 모델은	하게 할 것이다	그 셔츠를	다림질한

3. 그 여배우는 바지를 드라이클리닝할 것이다.

그 여배우는	하게 할 것이다	그 바지를	드라이클리닝된

4. 그 모델은 재킷을 포장할 것이다.

그 모델은	하게 할 것이다	그 재킷을	포장된

5. 그 여배우는 드레스를 드라이클리닝하지 않을 것이다.

그 여배우는	하게 하지 않을 것이다	그 드레스를	드라이클리닝된

6. 그 모델은 바지 길이를 줄이지 않을 것이다.

그 모델은	하게 하지 않을 것이다	그 바지를	길이를 줄인

개념 쏙쏙 부모님이나 선생님, 친구와 역할을 나눠서 읽어 보세요.

❶ You look so cool! 민준이는 얼마나 자주 머리를 깎아요?

한 달에 한 번이요.

❷ '한 달에 한 번, 두 달에 한 번, 일 년에 한 번,' 이런 말들은 빈도를 나타내는 말이에요.

❸ 오늘 살 붙이기 표현으로 같이 공부해요. 먼저 '한 달에 한 번'이란 표현은 어떻게 할까요?

❹ a month once 아닌가요?

영어는 '한 번'을 먼저 말해야 해요. 그래서 once a month.

❺ 그럼 한 달에 두 번은 twice a month?

Exactly!

한 주에 한 번 once a week
한 달에 한 번 once a month
일 년에 한 번 once a year

❻ 근데 선생님도 머리 하셨어요? 오늘 아주 멋져 보이세요!

선생님은 한눈에 알아봤는데 민준이는 이제야 알아보다니. 그저께 머리를 했어요.

❼ You had your hair done …. 아, 그저께는 어떻게 말해요?

그저께는 어제의 전날이죠? the day를 쓰고 그 다음 before yesterday를 덧붙여 줘요.

❽ 아! You had your hair done the day before yesterday. 그리고 '모레'는 내일 다음 날이니깐 다음을 나타내는 after를 쓰겠네요!

That's right!

❾ 순서대로 하면 the day before yesterday
그저께
- yesterday - today - tomorrow -
어제   오늘   내일
the day after tomorrow!
모레

❶ 빈도 부사구

once, twice는 '한 번, 두 번'의 의미로 횟수를 나타내는 말이고, 뒤에 a week을 붙여 once a week이라고 하면 '일주일에 한 번'이라는 의미가 돼요.

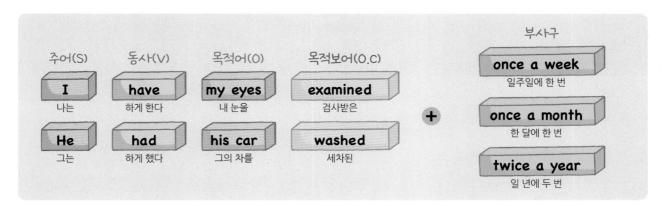

나는 **일 년에 두 번** 눈 검사를 받는다.

I have my eyes examined **twice a year**.

그는 **일주일에 한 번** 세차를 했다.

He had his car washed **once a week**.

> 목적보어로 과거분사가 쓰였으니까
> 안과에서 눈 검사를 받는다는 의미, 그리고
> 세차장 직원이 세차를 해 준다는 의미랍니다.

❷ 시간 부사구

yesterday(어제), the day before yesterday(그저께)와 같은 시간 표현은 과거 시제와, tomorrow(내일), the day after tomorrow(모레)와 같은 표현은 미래 시제의 동사와 함께 써야 해요.

그 여배우는 **어제** 드레스를 드라이클리닝했다.

The actress had the dress dry-cleaned **yesterday**.

그 모델은 **모레** 바지를 짧게 줄일 것이다.

The model will have the pants shortened **the day after tomorrow**.

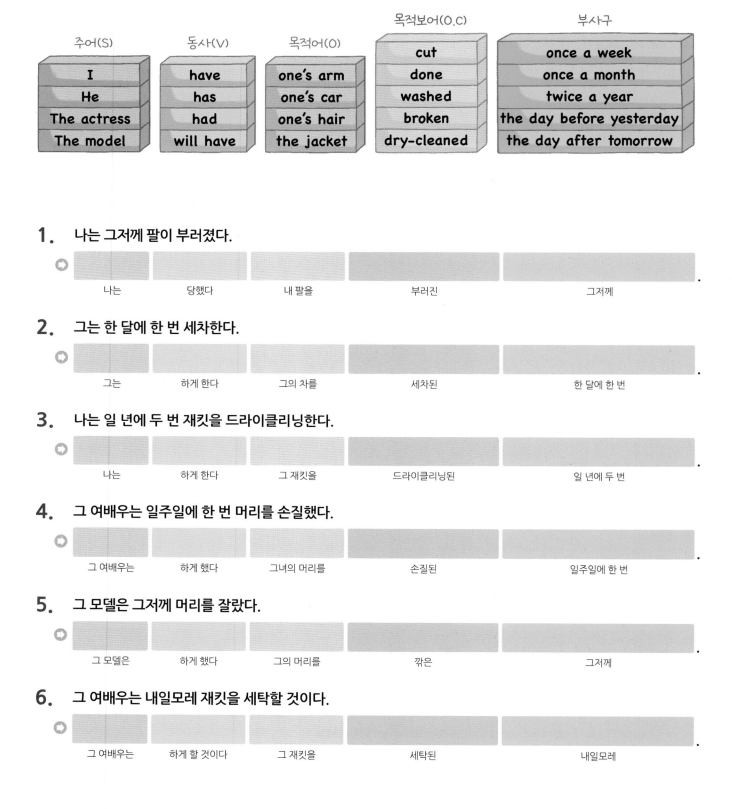

주어(S)

| I |
| He |
| The actress |
| The model |

동사(V)

| have |
| has |
| had |
| will have |

목적어(O)

| one's arm |
| one's car |
| one's hair |
| the jacket |

목적보어(O.C)

| cut |
| done |
| washed |
| broken |
| dry-cleaned |

부사구

| once a week |
| once a month |
| twice a year |
| the day before yesterday |
| the day after tomorrow |

1. 나는 그저께 팔이 부러졌다.

나는 / 당했다 / 내 팔을 / 부러진 / 그저께

2. 그는 한 달에 한 번 세차한다.

그는 / 하게 한다 / 그의 차를 / 세차된 / 한 달에 한 번

3. 나는 일 년에 두 번 재킷을 드라이클리닝한다.

나는 / 하게 한다 / 그 재킷을 / 드라이클리닝된 / 일 년에 두 번

4. 그 여배우는 일주일에 한 번 머리를 손질했다.

그 여배우는 / 하게 했다 / 그녀의 머리를 / 손질된 / 일주일에 한 번

5. 그 모델은 그저께 머리를 잘랐다.

그 모델은 / 하게 했다 / 그의 머리를 / 깎은 / 그저께

6. 그 여배우는 내일모레 재킷을 세탁할 것이다.

그 여배우는 / 하게 할 것이다 / 그 재킷을 / 세탁된 / 내일모레

<주어+동사+목적어+목적보어+부사구> 순으로 블록들을 합체하여 영작하세요.

! 문장의 첫 글자는 대문자로 쓰고, 문장 끝에 마침표를 찍으세요.

1. 그들은 한 달에 한 번 세차한다.

their car / have / once a month / they / washed

○ ....

2. 나는 내일모레 자전거 수리를 받을 것이다.

the day after tomorrow / my bike / will have / repaired / I

○ ....

3. 그 여배우는 내일 바지를 짧게 줄일 것이다.

the pants / tomorrow / the actress / shortened / will have

○ ....

4. 나는 지난주에 지갑을 도둑맞았다.

I / my purse / had / last week / stolen

○ ....

5. 그는 일 년에 두 번 치아 스케일링을 받는다.

twice a year / he / has / scaled / his teeth

○ ....

6. 그 모델은 그저께 드레스를 다림질했다.

ironed / the model / her dress / the day before yesterday / had

○ ....

의문문 만들기

① 의문사 없는 의문문

의문사가 없는 의문문은 Do/Does/Did로 시작해요. 주어 뒤에는 동사원형인 have를 써야 해요. 이에 대한
대답은 Yes나 No로 할 수 있어요.

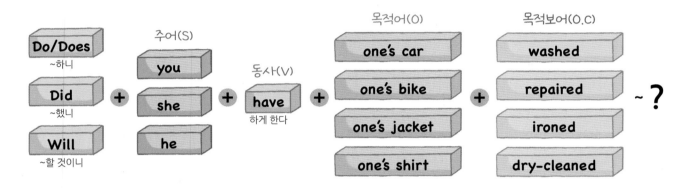

1. 그는 재킷을 드라이클리닝 했니?

   ➡ _____ _____ _____ _____ _____ ?

   Yes, he did.

2. 그녀는 자전거를 수리받을까?

   ➡ _____ _____ _____ _____ _____ ?

   Yes, she will.

3. 너는 셔츠를 다림질하니?

   ➡ _____ _____ _____ _____ _____ ?

   Yes, I do.

4. 그는 일주일에 한 번 세차하니?

   ➡ _____ _____ _____ _____ _____ _____ ?

   No, he doesn't.

② 의문사 의문문

의문사로 시작하는 의문문을 만들 때는 일반 의문문의 순서를 먼저 생각하고 그 다음 문장 맨 앞에 의문사를 붙여 주면 된답니다. 이때 대답은 Yes나 No로 할 수 없어요.

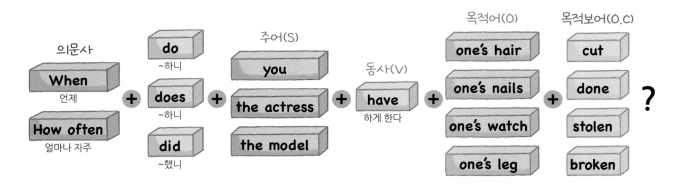

1. 그 여배우는 얼마나 자주 손톱 관리를 받니?

➡ [   ] ?

> Once a week.

2. 그 모델은 얼마나 자주 그의 머리를 자르니?

➡ [   ] ?

> Once a month.

3. 너는 언제 다리가 부러졌니?

➡ [   ] ?

> The day before yesterday.

4. 그 모델은 얼마나 자주 그녀의 머리를 손질하니?

➡ [   ] ?

> Every day.

5. 그 여배우는 언제 시계를 도난당했니?

➡ [   ] ?

> Yesterday.

명사

- dish 접시
- table 식탁, 상
- clothes 옷
- laundry 빨래
- breakfast 아침 식사
- dinner 저녁 식사
- plant 식물
- hour 시간

- weekend 주말
- vacation 방학
- partner 짝, 파트너
- homework 숙제
- report 보고서
- mistake 실수
- problem 문제

전치사

- before ~ 전에
- after ~ 후에
- for ~ 동안
- during ~ 동안

help

사역동사

단어 & 문장 듣기

동사

- ⬭ **do** 하다
- ⬭ **clean** 청소하다
- ⬭ **cook** 요리하다
- ⬭ **fold** 개다
- ⬭ **set** 놓다, (상) 차리다
- ⬭ **move** 옮기다
- ⬭ **make** 만들다

- ⬭ **water** 물을 주다
- ⬭ **solve** 풀다, 해결하다
- ⬭ **finish** 끝내다
- ⬭ **correct** (실수) 바로잡다
- ⬭ **hang out** (옷) 널다

문장의 뼈대 만들기

개념 쏙쏙 부모님이나 선생님, 친구와 역할을 나눠서 읽어 보세요.

❶ 오늘 배우는 help도 사역동사라구요? 무엇을 시키는 동사가 왜 이리 복잡해요. 그냥 한 마디로 시키면 되잖아요.

호호! '사역동사'라는 말은 너무 신경 쓰지 마세요.

❷ make, let, have, help가 사역동사일 때 <주어 + 동사 + 목적어 + 목적보어> 구조로 쓰이는 5형식 문장 뼈대는 같아요. 하지만 뜻이 조금씩 달라요.

> 사역동사의 의미
> make: 하게 만든다
> let: 하게 둔다
> have: 하게 한다(시킨다)
> help: 도와준다

❸ 이제 배울 help의 뼈대가 보이죠?

그럼요!

주어 + help + 목적어 + 목적보어

❹ 그럼 help도 목적보어로 동사원형을 쓰겠네요!

맞아요. 이때 동사원형을 원형부정사라고 하기도 해요. 그리고 help의 목적보어로 <to + 동사원형>, 즉 to부정사를 쓰기도 해요.

> help 뒤의 목적보어:
> ① 원형부정사(동사원형)
> ② to부정사
> (to + 동사원형)

❺ 첫 번째 문제! '나는 어머니가 상을 차리는 것을 돕는다.'는 어떻게 표현할까요? '상[식탁]을 차리다'라는 뜻은 set the table을 써 보세요.

❻ I help my mother set the table.
또는
I help my mother to set the table.

❼ Very good! 이번에는 앞으로 도와 드릴 것이라고 말해 봐요. 이때는 will help를 써야겠죠?

I will help my mother set the table.

❽ 이젠 뭐든 척척 잘하네요! 그럼 도와 드릴 수 있다고 말하고 싶다면?

can을 쓰면 되죠? I can help my mother (to) set the table.

주어 + help + 목적어 + 목적보어

사역동사 help는 '~가 …하는 것을 도와준다'라는 의미로 쓰일 수 있어요. 이때는 5형식 문장 뼈대를 사용해요. 목적보어로 원형부정사(동사원형)나 to부정사(to + 동사원형) 둘 다 쓸 수 있어요. 영국식 영어에서는 to부정사를 많이 써요.

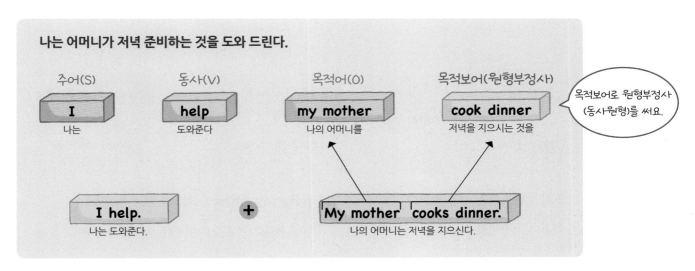

나는 어머니가 저녁 준비하는 것을 도와 드린다.

주어(S)	동사(V)	목적어(O)	목적보어(원형부정사)
I 나는	help 도와준다	my mother 나의 어머니를	cook dinner 저녁을 지으시는 것을

목적보어로 원형부정사(동사원형)를 써요.

I help. 나는 도와준다. ➕ My mother cooks dinner. 나의 어머니는 저녁을 지으신다.

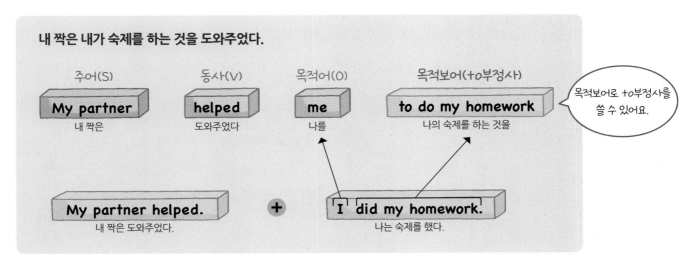

내 짝은 내가 숙제를 하는 것을 도와주었다.

주어(S)	동사(V)	목적어(O)	목적보어(to부정사)
My partner 내 짝은	helped 도와주었다	me 나를	to do my homework 나의 숙제를 하는 것을

목적보어로 to부정사를 쓸 수 있어요.

My partner helped. 내 짝은 도와주었다. ➕ I did my homework. 나는 숙제를 했다.

> <to + 동사원형>은 to부정사,
> to가 없이 쓰이는 동사원형은
> 원형부정사라고 해요.

❶ help 도와준다

주어가 I, We, You, They 및 복수 명사일 때는 help를 써요. 사역동사 help 뒤에는 목적어와 목적보어가 따라올 수 있어요. 이때 목적어는 우리말로 '~가,' 목적보어는 '~하는 것을'이라고 해석하는 것이 자연스러워요. help의 목적보어로는 원형부정사나 to부정사를 둘 다 쓸 수 있지만, 우리는 원형부정사로 연습하기로 해요.

나는 아버지가 **청소하는 것을** 돕는다.   I **help** my father **clean the house**.

그들은 어머니가 **저녁을 짓는 것을** 돕는다.   They **help** their mother **cook dinner**.

❷ helps 도와준다

주어가 She, He나 단수 명사인 경우 동사로 helps를 써요.

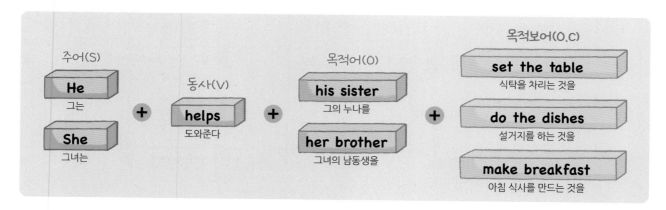

그는 누나가 **식탁을 차리는 것을** 도와준다.   He **helps** his sister **set the table**.

그녀는 남동생이 **설거지하는 것을** 도와준다.   She **helps** her brother **do the dishes**.

> ❗ '요리하다'라는 뜻의 cook과 make
>
> 간단한 서양식 아침(breakfast)을 만들 때는 보통 동사 cook 대신에 make를 써요.
>
> ① cook은 불이나 열을 써서 조리하는 과정의 '요리하다'의 뜻이에요.
> ② make는 불을 쓰지 않고, 재료를 섞거나 모아서 음식을 만드는 경우에요.

주어(S)

| I |
| We |
| They |
| She |
| He |

동사(V)

| help |
| don't help |
| helps |
| doesn't help |

목적어(O)

| one's father |
| one's mother |
| one's sister |
| one's brother |

목적보어(O.C)

| clean the house |
| make breakfast |
| set the table |
| do the dishes |
| cook dinner |

one's 대신에 인칭대명사의 소유격 my, our, their, his, her 등을 써요.

1. 나는 오빠가 식탁 차리는 것을 도와준다.

나는	도와준다	나의 오빠를	식탁을 차리는 것을

2. 우리는 어머니가 저녁을 요리하시는 것을 돕는다.

우리는	도와준다	우리의 어머니를	저녁을 요리하는 것을

3. 그녀는 언니가 식탁을 차리는 것을 돕지 않는다.

그녀는	도와주지 않는다	그녀의 언니를	식탁을 차리는 것을

4. 그는 어머니가 아침 식사를 만드시는 것을 돕는다.

그는	도와준다	그의 어머니를	아침 식사를 만드는 것을

5. 그들은 아버지가 집을 청소하시는 것을 돕지 않는다.

그들은	도와주지 않는다	그들의 아버지를	집을 청소하는 것을

6. 그녀는 남동생이 설거지하는 것을 도와준다.

그녀는	도와준다	그녀의 남동생을	설거지를 하는 것을

③ # helped 도와주었다

'도와주었다'는 helped를 써요. 5형식 문장은 목적어와 목적보어를 주어와 동사 관계처럼 해석하면 의미를 쉽게 파악할 수 있어요. 목적보어 자리에 동사가 올 경우 그 뒤에 목적어를 쓸 수 있어요.

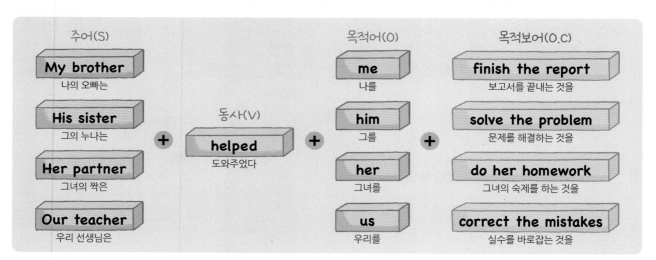

오빠는 내가 **보고서를 끝내는 것을 도와주었다.**   My brother **helped** me **finish the report.**

그의 누나는 그가 그 **문제를 해결하도록 도와주었다.**   His sister **helped** him **solve the problem.**

그녀의 짝은 그녀가 **숙제하는 것을 도와주었다.**   Her partner **helped** her **do her homework.**

선생님은 우리가 **실수를 바로잡도록 도와주셨다.**   Our teacher **helped** us **correct the mistakes.**

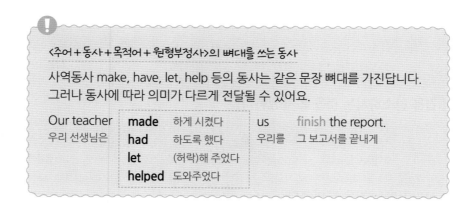

<주어＋동사＋목적어＋원형부정사>의 뼈대를 쓰는 동사

사역동사 make, have, let, help 등의 동사는 같은 문장 뼈대를 가진답니다.
그러나 동사에 따라 의미가 다르게 전달될 수 있어요.

Our teacher 우리 선생님은	**made** 하게 시켰다	us 우리를	finish the report. 그 보고서를 끝내게
	had 하도록 했다		
	let (허락)해 주었다		
	helped 도와주었다		

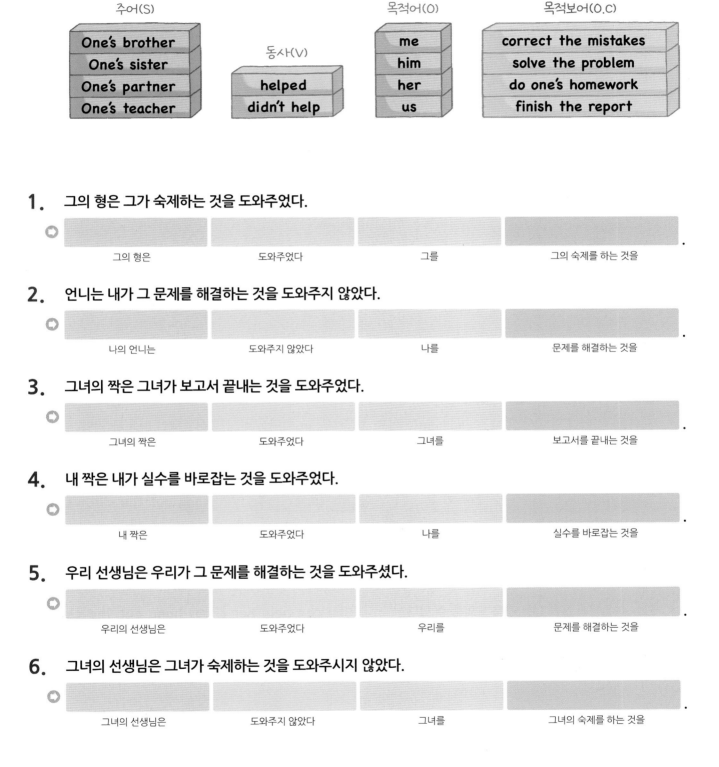

1. 그의 형은 그가 숙제하는 것을 도와주었다.

   ⟶ _____ _____ _____ _____ .

           그의 형은   도와주었다   그를   그의 숙제를 하는 것을

2. 언니는 내가 그 문제를 해결하는 것을 도와주지 않았다.

   ⟶ _____ _____ _____ _____ .

           나의 언니는   도와주지 않았다   나를   문제를 해결하는 것을

3. 그녀의 짝은 그녀가 보고서 끝내는 것을 도와주었다.

   ⟶ _____ _____ _____ _____ .

           그녀의 짝은   도와주었다   그녀를   보고서를 끝내는 것을

4. 내 짝은 내가 실수를 바로잡는 것을 도와주었다.

   ⟶ _____ _____ _____ _____ .

           내 짝은   도와주었다   나를   실수를 바로잡는 것을

5. 우리 선생님은 우리가 그 문제를 해결하는 것을 도와주셨다.

   ⟶ _____ _____ _____ _____ .

           우리의 선생님은   도와주었다   우리를   문제를 해결하는 것을

6. 그녀의 선생님은 그녀가 숙제하는 것을 도와주시지 않았다.

   ⟶ _____ _____ _____ _____ .

           그녀의 선생님은   도와주지 않았다   그녀를   그녀의 숙제를 하는 것을

④ will help 도와줄 것이다

'도와줄 것이다'라고 할 때는 will help를 써요. 목적보어 자리에 오는 행동은 주어가 아니라 목적어가 하는 거예요. 영어에서는 말하는 사람과 듣는 사람 둘 다 어느 것인지 알고 있는 상태에서 말할 때는 그 명사 앞에 a가 아니라 the를 써 줘요.

| 주어(S) | 동사(V) | 목적어(O) | 목적보어(O.C) |

나는 아빠가 **탁자를 옮기는 것을** 도와 드릴 것이다.   I **will help** my father **move the table**.
우리는 엄마가 **식물에 물 주는 것을** 도와 드릴 것이다.   We **will help** our mother **water the plants**.

⑤ can help 도와줄 수 있다

'도와줄 수 있다'라고 말할 때는 can help를 써요. 조동사 can 뒤에는 항상 동사원형인 help를 써야 해요.

그는 여동생이 **옷을 너는 것을** 도와줄 수 있다.   She **can help** her sister **hang out the clothes**.
그녀는 남동생이 **빨래 개는 것을** 도와줄 수 있다.   He **can help** his brother **fold the laundry**.

> **사역동사 make, let, have, help는 뜻이 조금씩 달라요.**
>
> make : 선택의 여지가 없이 강제로 하는 경우
> let : 해도 된다고 허락하는 경우
> have : 부탁, 요청하는 경우
> help : 뭔가 하도록 도와주는 경우

연습 팍팍 각각의 블록을 합체하여 문장을 만들어 보세요.

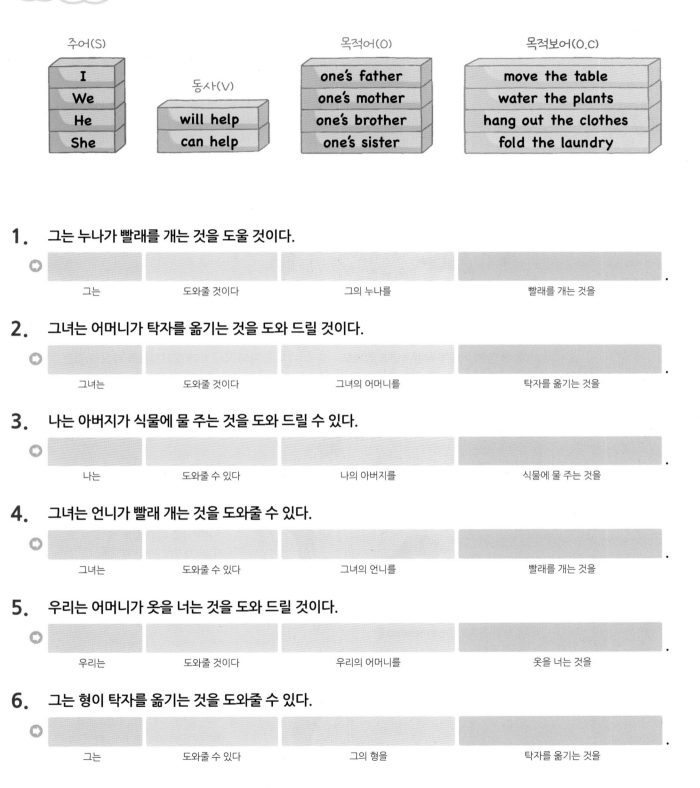

주어(S)

I
We
He
She

동사(V)

will help
can help

목적어(O)

one's father
one's mother
one's brother
one's sister

목적보어(O.C)

move the table
water the plants
hang out the clothes
fold the laundry

1. 그는 누나가 빨래를 개는 것을 도울 것이다.

그는	도와줄 것이다	그의 누나를	빨래를 개는 것을

2. 그녀는 어머니가 탁자를 옮기는 것을 도와 드릴 것이다.

그녀는	도와줄 것이다	그녀의 어머니를	탁자를 옮기는 것을

3. 나는 아버지가 식물에 물 주는 것을 도와 드릴 수 있다.

나는	도와줄 수 있다	나의 아버지를	식물에 물 주는 것을

4. 그녀는 언니가 빨래 개는 것을 도와줄 수 있다.

그녀는	도와줄 수 있다	그녀의 언니를	빨래를 개는 것을

5. 우리는 어머니가 옷을 너는 것을 도와 드릴 것이다.

우리는	도와줄 것이다	우리의 어머니를	옷을 너는 것을

6. 그는 형이 탁자를 옮기는 것을 도와줄 수 있다.

그는	도와줄 수 있다	그의 형을	탁자를 옮기는 것을

개념 쏙쏙 부모님이나 선생님, 친구와 역할을 나눠서 읽어 보세요.

① 선생님! 어제 제가 뭘 했는지 아세요?

글쎄요. 집에 큰 잔치가 있다고 했던가요?

② 맞아요. 그래서 제가 저녁 식사 전에 청소하고, 상 차리고, 식사 끝나고는 엄마 설거지를 도와 드리고 쓰레기도 내다 버렸어요. 아이구. 힘들어라.

③ 어제 민준이가 했던 일을 시간 표현과 같이 써 볼까요? '저녁 식사 전에,' 또는 '저녁 식사 후에'라는 표현을 어떻게 하면 될까요?

It's a piece of cake. 식은 죽 먹기죠!

저녁 식사 전에:
before dinner

저녁 식사 후에:
after dinner

④ 어제 한 일은 이렇게 표현하면 되겠네요. 저녁 식사 전에 청소를 도와 드린 것은
I helped my father clean the house before dinner.

⑤ 저녁 식사 후에 설거지를 도와 드린 것은
I helped my mother do the dishes after dinner.

⑥ Excellent. 이번에는 '주말 동안 엄마가 설거지하는 것을 도와 드릴 것이다.' 이 문장을 말해 보세요.

'주말 동안'은 for the weekend를 쓰면 되나요?

⑦ for보다는 during을 써서 during the weekend로 나타내요.

그럼, I will help my mother do the dishes during the weekend.

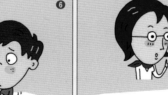

⑧ 그런데 전치사 for와 during의 차이점은 무엇인가요?

⑨ for와 during은 '~ 동안'이라는 같은 의미이지만 쓰임이 좀 달라요.

for: 뒤에 숫자로 나타내는 기간을 써요.
예 for two days, for an hour

during: 뒤에 특정 시간이나 기간을 나타내는 말을 써요.
예 during dinner, during the vacation

● 시간 부사구

전치사를 명사 앞에 써서 시간을 나타낼 수 있어요. before는 '~ 전에,' after는 '~ 후에'라는 뜻의 전치사예요.

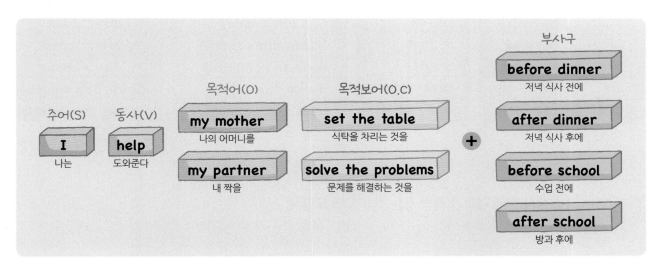

나는 **저녁 식사 전에** 엄마가 식탁을 차리는 것을 돕는다.

I help my mother set the table **before dinner**.

나는 **방과 후에** 짝이 문제를 해결하는 것을 도와준다.

I help my partner solve the problems **after school**.

'~ 동안'이라는 의미를 나타낼 때는 for와 during, 두 가지를 쓸 수 있어요. for는 숫자로 나타내는 기간 앞에 쓰고, during은 '방학,' '낮' 등 특정 기간을 나타내는 말 앞에 써요.

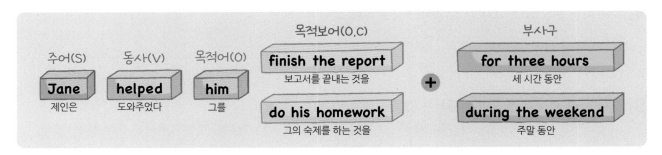

제인은 **세 시간 동안** 그가 보고서 끝내는 것을 도와주었다.

Jane helped him finish the report **for three hours**.

제인은 **주말 동안** 그가 숙제하는 것을 도와주었다.

Jane helped him do his homework **during the weekend**.

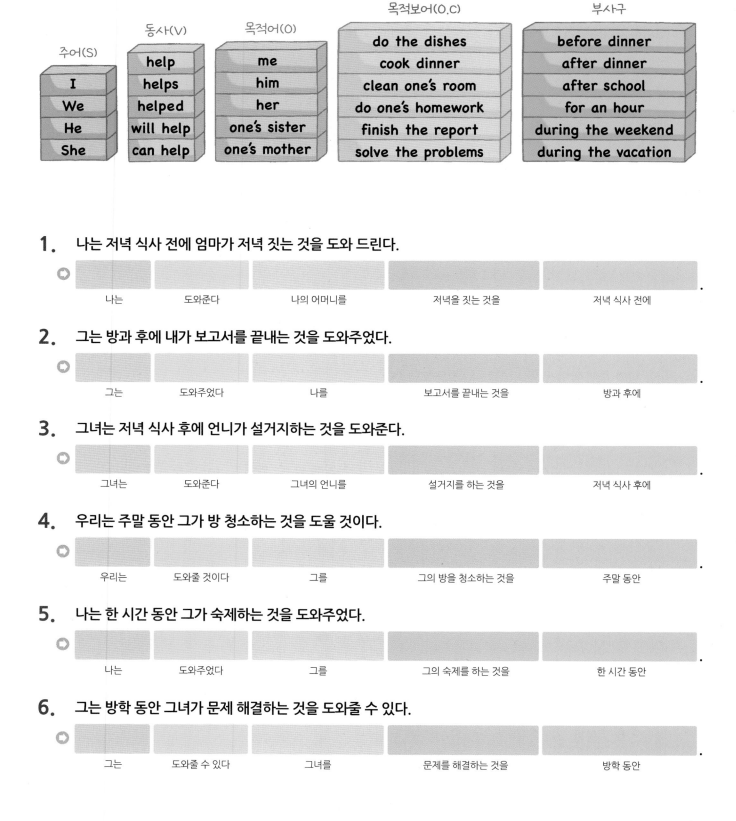

주어(S) / 동사(V) / 목적어(O) / 목적보어(O.C) / 부사구

주어(S)	동사(V)	목적어(O)	목적보어(O.C)	부사구
I	help	me	do the dishes	before dinner
We	helps	him	cook dinner	after dinner
He	helped	her	clean one's room	after school
She	will help	one's sister	do one's homework	for an hour
	can help	one's mother	finish the report	during the weekend
			solve the problems	during the vacation

1. 나는 저녁 식사 전에 엄마가 저녁 짓는 것을 도와 드린다.

⇨ _____ _____ _____ _____ _____ .

　나는　　　도와준다　　　나의 어머니를　　　저녁을 짓는 것을　　　저녁 식사 전에

2. 그는 방과 후에 내가 보고서를 끝내는 것을 도와주었다.

⇨ _____ _____ _____ _____ _____ .

　그는　　　도와주었다　　　나를　　　보고서를 끝내는 것을　　　방과 후에

3. 그녀는 저녁 식사 후에 언니가 설거지하는 것을 도와준다.

⇨ _____ _____ _____ _____ _____ .

　그녀는　　　도와준다　　　그녀의 언니를　　　설거지를 하는 것을　　　저녁 식사 후에

4. 우리는 주말 동안 그가 방 청소하는 것을 도울 것이다.

⇨ _____ _____ _____ _____ _____ .

　우리는　　　도와줄 것이다　　　그를　　　그의 방을 청소하는 것을　　　주말 동안

5. 나는 한 시간 동안 그가 숙제하는 것을 도와주었다.

⇨ _____ _____ _____ _____ _____ .

　나는　　　도와주었다　　　그를　　　그의 숙제를 하는 것을　　　한 시간 동안

6. 그는 방학 동안 그녀가 문제 해결하는 것을 도와줄 수 있다.

⇨ _____ _____ _____ _____ _____ .

　그는　　　도와줄 수 있다　　　그녀를　　　문제를 해결하는 것을　　　방학 동안

❗ 문장의 첫 글자는 대문자로 쓰고, 문장 끝에 마침표를 찍으세요.

1. 토니는 점심 식사 후에 아버지가 탁자를 옮기는 것을 도와 드릴 수 있다.

| can help | / | his father | / | Tony | / | after lunch | / | move the table |

⟳ ....

2. 엠마는 주말 동안 엄마가 식탁 차리는 것을 도와 드릴 것이다.

| her mother | / | set the table | / | will help | / | during the weekend | / | Emma |

⟳ ....

3. 내 짝은 방과 후에 내가 문제 푸는 것을 도와주었다.

| solve the problems | / | after school | / | my partner | / | helped | / | me |

⟳ ....

4. 제임스는 방학 중에 여동생이 숙제하는 것을 도와줄 수 있다.

| James | / | his sister | / | during the vacation | / | do her homework | / | can help |

⟳ ....

5. 릴리는 아침 식사 전에 엄마가 아침을 짓는 것을 도와 드린다.

| before breakfast | / | Lily | / | make breakfast | / | her mother | / | helps |

⟳ ....

6. 선생님은 두 시간 동안 우리가 실수를 바로잡도록 도와주셨다.

| for two hours | / | us | / | our teacher | / | helped | / | correct the mistakes |

⟳ ....

의문문 만들기

① 의문사 없는 의문문

의문사가 없는 의문문은 Do/Does/Did로 시작해요. 조동사 Can이나 Will도 주어 앞으로 보내서 의문문을 만들 수 있어요. 주어 뒤의 동사는 동사원형 형태로 써요. 의문사 없는 의문문은 Yes나 No로 대답해요.

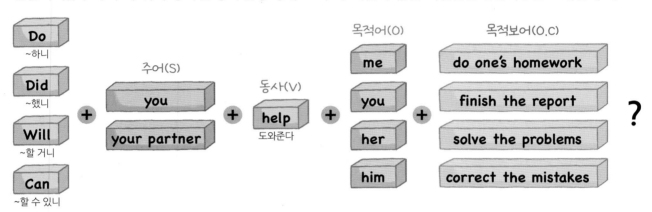

1. 너는 그녀가 문제를 해결하는 것을 도와주니?

○ [   ] [   ] [   ] [   ] [   ] [   ] ?

No, I don't.

2. 네 짝이 네가 실수를 바로잡도록 도와주었니?

○ [   ] [   ] [   ] [   ] [   ] ?

Yes, he/she did.

3. 너는 내가 보고서 끝내는 것을 도와줄 수 있니?

○ [   ] [   ] [   ] [   ] [   ] ?

I'm sorry, I can't.

4. 너는 그가 숙제하는 것을 도와줄 거니?

○ [   ] [   ] [   ] [   ] [   ] ?

Yes, I will.

② 의문사 의문문

의문사로 시작하는 의문문을 만들 때는 먼저 맨 앞에 의문사를 쓰고 그 다음 의문문의 순서를 생각하여 쓰세요. 의문사로 시작하는 의문문에 대해서는 Yes나 No로 대답할 수 없어요.

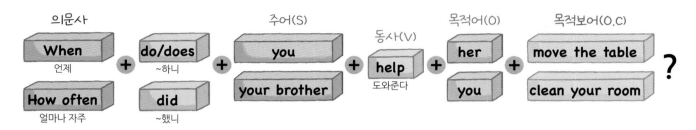

1. 너는 언제 그녀가 탁자를 옮기는 것을 도와주었니?

○ 　　　　　　　　　　　　　　　　　　　　　　　　　?

After school.

2. 동생이 얼마나 자주 네가 네 방 청소하는 것을 도와주니?

○ 　　　　　　　　　　　　　　　　　　　　　　　　　?

Twice a year.

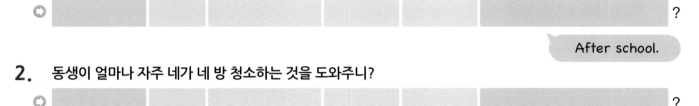

3. 누가 설거지하는 것을 도와줄 수 있어?

○ 　　　　　　　　　　　　　　　　　　　　　　　　　?

I can.

4. 누가 식물에 물 주는 것을 도와줄 거야?

○ 　　　　　　　　　　　　　　　　　　　　　　　　　?

I will.

동사 get을 이용하여 문장을 만들어 보세요.
사역의 의미를 가진 get은 목적보어로 to부정사나 과거분사를 써요.

하게 만든다	get
	gets
하게 만들었다	got
하게 만들 것이다	will get

문장의 뼈대 만들기

1. 아버지는 내게 집 청소를 시키신다.

▷ [ ] [ ] [ ] [to] .

2. 우리 선생님은 우리에게 탁자를 옮기도록 하셨다.

▷ [ ] [ ] [ ] [to] .

3. 그는 지갑을 도난당했다.

▷ [ ] [his wallet] [ ] .

4. 그녀는 자전거를 수리받을 것이다.

▷ [ ] [ ] [ ] [ ] .

5. 그들의 어머니는 그들에게 설거지를 시키신다.

▷ [ ] [ ] [ ] [to] .

6. 그는 차를 세차할 것이다.

▷ [ ] [ ] [ ] [ ] .

'~을 …하게 만들다[설득하다]'
라는 의미로 쓸 때 get의 목적보어로
+to부정사를 쓰고 '~이 되게 하다'라는 의미로
쓸 때는 목적보어로 과거분사를 쓴답니다.

문장에 살 붙이기

1. 나는 그저께 머리를 잘랐다.

⬡ _____ _____ _____ _____ _____ _____ .

2. 엠마는 모레 눈 검사를 받을 것이다.

⬡ _____ _____ _____ _____ _____ _____ .

3. 엄마는 저녁 식사 전에 내게 식탁을 차리라고 하셨다.

⬡ _____ _____ _____ to _____ .

4. 그는 가끔 그의 재킷을 드라이클리닝한다.

⬡ _____ _____ _____ _____ _____ .

5. 부모님은 항상 내가 식물들에 물을 주도록 하신다.

⬡ _____ _____ _____ _____ to _____ .

6. 그녀의 어머니는 주말 동안 그녀에게 설거지를 시키셨다.

⬡ _____ _____ _____ to _____ .

REVIEW TEST

A. 우리말 뜻에 알맞게 동사 have와 help를 이용하여 빈칸을 채우세요.

1.

~하게 한다	~하게 하지 않다	~하게 하니?
_____ / has	_____ /doesn't have	Do/ _____ ~ have?
~하게 했다	~하게 하지 않았다	~하게 했니?
_____	_____ have	Did ~ _____ ?
~하게 할 것이다	~하게 하지 않을 것이다	~하게 할 것이니?
will _____	_____	Will ~ _____ ?

2.

도와준다	도와주지 않는다	도와주니?
help / _____	don't/ _____ help	_____ /Does ~ help?
도와주었다	도와주지 않았다	도와주었니?
_____	_____	Did ~ _____ ?
도와줄 것이다	도와주지 않을 것이다	도와줄 수 있니?
_____ help	_____	~ _____ ?

B. 주어진 단어를 순서대로 배열해 보세요.

> 문장의 첫 글자는 대문자로 쓰고, 문장 끝에 문장 부호를 쓰세요.

3. her | she | had | stolen | purse

4. has | he | scaled | his | teeth

5. made | feel | the | us | rain | depressed

6. help | do | his | him | homework | you

C. 주어진 문장을 지시대로 바꾸어 쓰세요.

7. My brother helped me finish the report.

   부정문 →

8. He has his car washed once a month.

   의문문 →

9. The actress had her hair done once a week.

   부정문 →

10. You will get your jacket dry-cleaned the day after tomorrow.

    의문문 →

◆. 주어진 단어들을 이용하여 우리말에 맞게 문장을 완성해 보세요.

11. 나는 그저께 자전거를 수리받았다. ·· my | repaired

    →

12. 누가 설거지하는 것을 도와줄 수 있니? ····························· do | dishes

    →

13. 너는 언제 그녀가 탁자를 옮기는 것을 도와주었니? ············· when | move

    →

맞힌 개수 : /13 개

첫 번째 동사 **see**

★ 우리말 뜻에 알맞은 영어 단어 또는 표현을 쓰세요.

1. 선수	2. 코치	3. 공기	4. 구름	5. 건물
_____	_____	_____	_____	_____

6. 때리다, 치다	7. (발로) 차다	8. 달리다	9. 수영하다	10. 자다
_____	_____	_____	_____	_____

11. 빛나다	12. (해, 달) 뜨다	13. 던지다	14. 잡다	15. (해, 달) 지다
_____	_____	_____	_____	_____

▶ 장소 부사구(in/on/over/through + 명사)

1. 하늘에서	_____	5. 호수에서	_____
2. 서쪽에서	_____	6. 야구장에서	at _____
3. 공원에서	_____	7. 공중을 가르며	_____
4. 운동장에서	_____	8. 건물들 위로	_____

▶ 현재분사(동사원형 + -ing)

9. 날고 있는	_____	15. (해, 달) 뜨고 있는	_____
10. 잡고 있는	_____	16. 자고 있는	_____
11. 달리고 있는	_____	17. 빛나고 있는	_____
12. (해, 달) 지고 있는	_____	18. 때리고[치고] 있는	_____
13. 수영하고 있는	_____	19. 움직이고 있는	_____
14. (발로) 차고 있는	_____	20. 던지고 있는	_____

두 번째 동사 hear

★ 우리말 뜻에 알맞은 영어 단어 또는 표현을 쓰세요.

1. 플루트	2. 바이올린	3. 피아노	4. 음악가	5. 지휘자
_____	_____	_____	_____	_____

6. 끓다	7. 울다	8. (소리내어) 웃다	9. 짖다	10. 노래하다
_____	_____	_____	_____	_____

11. 외치다	12. 연주하다	13. 박수를 치다	14. (물, 피 등이) 흐르다	15. 시냇물
_____	_____	_____	_____	_____

▶ 시간 부사구

1. 매일	_____	4. 한 시간 전에	_____
2. 아침마다	_____	5. 몇 분 전에	_____
3. 밤마다	_____	6. 며칠 전에	_____

▶ 현재분사(동사원형 + -ing)

7. 울고 있는	_____	11. 끓고 있는	_____
8. 노래하고 있는	_____	12. 박수를 치고 있는	_____
9. 외치고 있는	_____	13. (소리내어) 웃고 있는	_____
10. 연주하고 있는	_____	14. 달리고 있는	_____

★ 우리말 뜻에 알맞은 영어 단어 또는 표현을 쓰세요.

1. 기다리다	2. 오다	3. 이기다	4. 연습하다	5. 머물다

6. 떠나다	7. 먹다	8. 경기, 게임	9. 더 많이	10. 더 오래

11. 행복한	12. 튼튼한, 강한	13. 건강한	14. 일찍	15. 열심히

▶ for/with/like + 명사/인칭대명사

1. 나를 (위해) _____
2. 그녀를 (위해) _____
3. 너를 (위해) _____
4. 우리를 (위해) _____
5. 그들과 함께 _____

6. 그와 함께 _____
7. 나와 함께 _____
8. 그녀의 아버지처럼 _____
9. 그의 형처럼 _____
10. 너의 언니처럼 _____

▶ 강조 부사구

11. 항상 _____
12. 무엇보다도 _____

네 번째 동사 **ask**

이름 : _____

날짜 : _____

★ 우리말 뜻에 알맞은 영어 단어 또는 표현을 쓰세요.

1. 당근	2. 양파	3. 감자	4. 쓰레기	5. 불, 조명
_____	_____	_____	_____	_____

6. 끓이다, 삶다	7. 잘게 썰다	8. 유지하다	9. 잘게 다지다	10. 껍질을 벗기다
_____	_____	_____	_____	_____

11. (가스, 전기 등을) 끄다	12. (가스, 전기 등을) 켜다	13. 꺼내다	14. 치우다	15. 앉다
_____	_____	_____	_____	_____

▶ 빈도 부사

1. 항상 _____   4. 때때로, 가끔 _____

2. 보통 _____   5. 좀처럼[거의] ~ 않다 _____

3. 자주, 종종 _____   6. 절대로[결코] ~ 않다 _____

▶ 인칭대명사(주격–목적격)

7. 너는 - 너를 _____   10. 나는 - 나를 _____

8. 그는 - 그를 _____   11. 우리는 - 우리를 _____

9. 그녀는 - 그녀를 _____   12. 그들은 - 그들을 _____

다섯 번째 동사 **make**

★ 우리말 뜻에 알맞은 영어 단어 또는 표현을 쓰세요.

1. 강한	2. 유명한	3. 무거운, 심한	4. 따분한, 지루한	5. 우울한
_____	_____	_____	_____	_____

6. 미소 짓다	7. 닫다, (눈을) 감다	8. (감기) 걸리다, 잡다	9. 머물다	10. 생각하다
_____	_____	_____	_____	_____

11. 느끼다	12. 우승자	13. 날씨	14. 감기	15. (남자) 영웅
_____	_____	_____	_____	_____

▶ the + 형용사 + 명사

1. 폭우	_____	4. 나쁜 날씨	_____
2. 폭설	_____	5. 좋은 날씨	_____
3. 강풍	_____	6. 추운 날씨	_____

▶ 형용사구(명사 + 전치사구)

7. 텔레비전에 나온 뉴스 the _____

8. TV에서 방영된 영화 the _____

9. 휴대폰의 음악 the _____

10. 새의 노래 (소리) the _____

11. 라디오의 쇼 the _____

12. 라디오 음악 the _____

여섯 번째 동사 let

★ 우리말 뜻에 알맞은 영어 단어 또는 표현을 쓰세요.

1. 컴퓨터	2. 질문	3. 부모	4. 친구	5. 모든 것
6. 가지고 가다	7. 초대하다	8. 기르다, 키우다	9. 소개하다	10. (도서관 등에서) 대출받다
11. 질문하다	12. 늦게까지 깨어 있다	13. 자다	14. 알다	15. 지켜보다

▶ 시간 부사(구)

1. 즉시, 바로 _____

2. 나중에 _____

3. 이번에 _____

4. 지난번에 _____

5. 매번 _____

▶ 빈도 부사

6. 항상 _____

7. 보통 _____

8. 때때로, 가끔 _____

9. 좀처럼[거의] ~ 않다 _____

10. 절대로[결코] ~ 않다 _____

▶ 재귀대명사

11. 나 자신 _____

12. 너 자신 _____

13. 우리 자신 _____

14. 그 자신 _____

15. 그녀 자신 _____

16. 그들 자신 _____

일곱 번째 동사 have

이름 : _____

날짜 : _____

★ 우리말 뜻에 알맞은 영어 단어 또는 표현을 쓰세요.

1. 모델

_____

2. 여배우

_____

3. 손톱

_____

4. (여성용) 지갑

_____

5. 치아

_____

6. 셔츠

_____

7. 훔치다

_____

8. 씻다

_____

9. 자르다

_____

10. 다림질하다

_____

11. 수리하다

_____

12. 포장하다

_____

13. 검사하다

_____

14. 부러뜨리다

_____

15. 길이를 줄이다

_____

▶ 빈도/시간 부사구

1. 일주일에 한 번 _____

2. 한 달에 한 번 _____

3. 일 년에 한 번 _____

4. 일 년에 두 번 _____

5. 지난주에 _____

6. 내일 _____

7. 그저께 _____

8. 모레, 내일모레 _____

▶ 과거분사

9. 잘린 _____

10. 수리된 _____

11. 손질된, 다된 _____

12. 포장된 _____

13. 도난당한 _____

14. 검사받은 _____

15. 부러진 _____

16. 길이를 줄인 _____

17. 다림질한 _____

18. 드라이클리닝된 _____

19. 스케일링된 _____

20. 씻겨진, 세차된 _____

여덟 번째 동사 **help**

이름 :

날짜 :

★ 우리말 뜻에 알맞은 영어 단어 또는 표현을 쓰세요.

1. 보고서	2. 문제	3. 옷	4. 식물	5. 빨래
6. 청소하다	7. 개다	8. 물을 주다	9. (옷) 널다	10. 요리하다
11. 놓다, (상) 차리다	12. 옮기다	13. 풀다, 해결하다	14. 끝내다	15. (실수) 바로 잡다

▶ 시간 부사구

1. 아침 식사 전에   6. 한 시간 동안

2. 점심 식사 후에   7. 세 시간 동안

3. 수업 전에   8. 이틀 동안

4. 방과 후에   9. 주말 동안

5. 저녁 식사 전에   10. 방학 동안

▶ 인칭대명사(소유격–목적격)

11. 너의 – 너를   14. 나의 – 나를

12. 그의 – 그를   15. 우리의 – 우리를

13. 그녀의 – 그녀를   16. 그들의 – 그들을

see & hear & watch

A. 주어진 단어를 사용하여 우리말에 맞게 문장을 완성하세요.

1. | see

나는 해가 뜨고 있는 것을 본다. _____

그들은 오리 한 마리가 헤엄치고 있는 것을 본다. _____

2. | sees

그는 개 한 마리가 달리고 있는 것을 본다. _____

그 코치는 릴리(Lily)가 공을 치는 것을 본다. _____

3. | saw

나는 별들이 하늘에서 빛나고 있는 것을 보았다. _____

그 선수는 토니(Tony)가 공원에서 달리는 것을 봤다. _____

4. | hear

우리는 릴리(Lily)가 노래하고 있는 것이 들린다. _____

그들은 엠마(Emma)가 박수를 치고 있는 것을 듣는다. _____

5. | hears

그녀는 매일 아기가 울고 있는 소리를 듣는다. _____

그는 토니(Tony)가 외치고 있는 소리가 들린다. _____

6. | heard

그는 누군가가 드럼을 치는 것을 들었다. _____

그들은 몇 분 전에 개가 짖고 있는 소리를 들었다. _____

B. 다음 문장을 우리말에 맞게 주어진 단어를 이용하여 바꿔 쓰세요.

> I can see the sun setting.

> 앞 문장은 다음 문장의 힌트가 되므로 문제를 차례대로 푸세요.

1. 나는 별들이 움직이고 있는 것을 볼 수 있다. `moving`

   _____

2. 그들은 달이 뜨고 있는 것을 볼 수 있다. `rising`

   _____

3. 그들은 해가 지는 것을 어디서 볼 수 있니? `where, set`

   _____

4. 그 코치는 제임스(James)가 달리는 것을 봤니? `coach, run`

   _____

5. 우리는 그가 공을 차는 것을 지켜봤다. `watched, kick`

   _____

6. 그들은 물이 끓고 있는 것을 주시해서 봤다. `boiling`

   _____

7. 나는 아침마다 새가 노래하고 있는 것을 듣는다. `hear, singing`

   _____

8. 그녀는 며칠 전에 네가 플루트를 연주하는 것을 들었다. `heard, play`

   _____

9. 그 음악가는 내가 피아노를 치는 것을 들었니? `musician, piano`

   _____

10. 그는 어디서 그녀가 바이올린 연주하는 것을 들었어? `where, violin`

   _____

want & ask & tell

A. 주어진 단어를 사용하여 우리말에 맞게 문장을 완성하세요.

1. **want**

너는 내가 떠나기를 바란다. _____

그들은 내가 그와 함께 머물기를 원한다. _____

2. **wants**

그는 내가 의사가 되기를 원한다. _____

그녀는 그들이 건강하기를 바란다. _____

3. **wanted**

우리는 그가 그녀를 기다려 주길 바랐다. _____

그 코치는 토니(Tony)가 경기에서 이기기를 원했다. _____

4. **ask**

그들은 항상 엠마(Emma)에게 열심히 공부해 주길 부탁한다. _____

그 요리사는 그녀에게 당근 껍질을 벗기라고 요청하지 않았다. _____

5. **asks**

그는 토니(Tony)에게 조용히 해 달라고 부탁한다. _____

그녀는 제임스(James)에게 큰 소리로 말하라고 요청한다. _____

6. **asked**

그 제빵사는 그의 딸에게 양파를 잘라 다지라고 했다. _____

누가 너에게 쓰레기를 내다 버려 달라고 했니? _____

B. 다음 문장을 우리말에 맞게 주어진 단어를 이용하여 바꿔 쓰세요. 단, 부정문은 축약형으로 쓰세요.

> She wants you to be happy.

앞 문장은 다음 문장의 힌트가 되므로 문제를 차례대로 푸세요.

1. 그녀는 네가 건강하기를 원하니? `Does, healthy`

   _____

2. 그녀는 우리가 언제 떠나기를 바라니? `when, leave`

   _____

3. 그는 제임스(James)가 어디에서 머물기를 원해? `where, stay`

   _____

4. 그는 무엇보다도 우리가 좀 쉬길 원했다. `most of all, get`

   _____

5. 나는 항상 엠마(Emma)에게 더 먹으라고 말한다. `always, tell`

   _____

6. 그녀는 절대로 그들에게 열심히 공부하라고 말하지 않는다. `never, work`

   _____

7. 너는 그들에게 그 장난감들을 치우라고 말할 거니? `will, put away`

   _____

8. 누가 그에게 물을 좀 끓이라고 했니? `who, asked`

   _____

9. 그녀는 좀처럼 아들에게 불을 꺼 달라고 하지 않는다. `hardly, turn off`

   _____

10. 그 요리사는 절대 그녀에게 감자를 자르라고 하지 않는다. `never, cut up`

   _____

make & let

이름 :

날짜 :

A. 주어진 단어를 사용하여 우리말에 맞게 문장을 완성하세요.

1. **make**

그들은 우리를 웃게 만든다. _____

우리는 그들이 생각하게 만든다. _____

2. **makes**

그 책은 그녀를 따분하게 만든다. _____

그 음악은 나를 행복하게 만든다. _____

3. **made**

비 때문에 그는 눈을 감아야 했다. _____

바람 때문에 그녀는 감기에 걸렸다. _____

4. **let**

내가 네게 모든 걸 알려 줄게. _____

그가 늦게까지 자지 않게 두지 마. _____

나는 릴리가 내 펜을 가져가게
했다. _____

누가 그 아이들에게 게임을 하게
해 주었니? _____

5. **lets**

그녀는 가끔 그가 텔레비전을 보게
해 준다. _____

그녀는 그가 그녀의 컴퓨터를
사용하도록 절대 허락하지 않는다. _____

B. 다음 문장을 우리말에 맞게 주어진 단어를 이용하여 바꿔 쓰세요.

The song makes Lily cry.

> 앞 문장은 다음 문장의 힌트가 되므로 문제를 차례대로 푸세요.

1. 그 노래 덕분에 그녀는 우승자가 되었다.   made, winner

   _____

2. 휴대폰의 음악 때문에 나는 슬퍼졌다.   music, phone

   _____

3. TV 뉴스는 그를 영웅으로 만들었다.   on TV, hero

   _____

4. 날씨가 그를 집에 머물게 했니?   weather, stay

   _____

5. 누가 널 화나게 하니?   who, angry

   _____

6. 누가 네게 강아지를 키우게 허락했니?   let, puppy

   _____

7. 그는 내가 (나의) 친구들을 초대하도록 허락할 것이다.   will, invite

   _____

8. 그들이 자기 소개를 하게 해 줘.   introduce

   _____

9. 이번에 우리에게 모든 것을 알려 줘.   everything, this time

   _____

10. 그의 아버지는 나중에 그에게 모든 것을 알려줄 것이다.   later

   _____

have & help & get

A. 주어진 단어를 사용하여 우리말에 맞게 문장을 완성하세요.

1. **have**

   나는 손톱을 자른다[깎는다].

   _____

   그들은 손톱 손질을 받는다.

   _____

2. **has**

   그는 눈 검사를 받는다.

   _____

   그 여배우는 일주일에 한 번 머리 손질을 받는다.

   _____

3. **had**

   나는 지난주에 자전거 수리를 받았다.

   _____

   그녀는 그저께 다리가 부러졌다.

   _____

4. **help**

   나는 아버지가 집 청소하는 것을 도울 것이다.

   _____

   그의 누나는 그가 숙제를 하는 것을 도와주지 않는다.

   _____

5. **helps**

   그는 여동생이 식탁을 차리는 것을 돕는다.

   _____

   그녀는 남동생이 설거지하는 것을 돕는다.

   _____

6. **helped**

   나는 아버지가 탁자를 옮기는 것을 도와 드렸다.

   _____

   그녀는 남동생이 빨래 개는 것을 도와 주었다.

   _____

B. 다음 문장을 우리말에 맞게 주어진 단어를 이용하여 바꿔 쓰세요.

> She had her purse stolen.

앞 문장은 다음 문장의 힌트가 되므로 문제를 차례대로 푸세요.

1. 그녀는 시계를 도난당했니?　 Did, watch

_____

2. 그녀는 내일모레 자전거를 수리받을 것이다.　 repaired, after

_____

3. 그는 언제 다리가 부러졌니?　 when, broken

_____

4. 그 모델은 언제 그의 머리를 잘랐니?　 model, cut

_____

5. 그는 방과 후에 네가 보고서를 끝내는 것을 도와주었니?　 help, finish

_____

6. 네 형은 얼마나 자주 네 방 청소하는 것을 도와주니?　 how often, clean

_____

7. 누가 내가 식물들에 물 주는 것을 도와줄 수 있니?　 who, can, water

_____

8. 나는 주말 동안 여동생이 숙제를 하는 것을 도와줄 수 있다.　 during, homework

_____

9. 나의 부모님은 내가 실수들을 바로잡도록 시키신다.　 parents, get, correct

_____

10. 그들은 저녁 식사 전에 우리가 식탁을 차리도록 했다.　 got, set, before

_____

중학교 가기 전 꼭 짚고 가야 할 예비중 필수 학습서

기적의 트레이닝

문법과 독해의 정확성을 높여주는
동사의 3단 변화 연습서!

기적의 동사 변화 트레이닝

저자	대상 독자	쪽수	부속	가격
주선이	초등 5~6학년	152쪽	MP3 파일	13,000원

- 예비 중학생이 꼭 알아야 할 필수 동사 162개 수록
- 동사의 3단 변화형 학습으로 문법과 독해 실력 향상
- 162개 동사의 변화형을 마스터하는 종합 테스트 4회분 제공
- MP3 파일로 문장 예습·복습 가능

문법과 영작에 강해지는
확장식 문장 만들기 연습서!

기적의 영어 문장 트레이닝

저자	대상 독자	쪽수	부속	가격
주선이	초등 5~6학년	176쪽	MP3 파일, 부가 학습 자료	13,000원

- 예비 중학생이 꼭 써봐야 할 5형식 문장 826개 수록
- 5형식 문장 규칙 학습으로 기초 문법과 영작 실력 다지기
- 확장식 문장 만들기 연습으로 중학 영어와 서술형 영작 시험 대비
- 배운 내용을 점검할 수 있는 단어 테스트, 리뷰 테스트 온라인 제공